CW01636208

TOTEM

CHRIS OFFUTT est né en 1958 dans le Kentucky, où il a grandi au pied des Appalaches. Après avoir tenté de s'engager, il traverse les États-Unis en stop et commence à écrire. Il intégrera plus tard le prestigieux Iowa Writer Workshop. Auteur de plusieurs romans et recueils de nouvelles, il collabore également à l'écriture de scénarios pour des séries, dont *Weeds*, *True Blood* et *Treme*. *Nuits Appalaches* a remporté le Prix Mystère de la Critique et le Prix du roman noir du festival de Beaune.

LES GENS DES COLLINES

Avec Chris Offutt, on est clairement dans la cour des grands. L'auteur a l'art du trait, du portrait, en quelques lignes. Il rend aussi bien la beauté de la nature que la violence du monde, la pudeur du regard alliée au tranchant de sa lucidité. Son roman mêle les contraires de manière bouleversante : la noirceur et la lumière, la rudesse et la tendresse, le sordide et la poésie.

France Inter

Ici, on flingue et après on discute. Drôle de contrée que celle de la country, des animaux sauvages, des alcooliques chroniques et des bois impénétrables qui donnent "la fièvre des cabanes".

Le Figaro Littéraire

Un pur régal qui s'annonce être le début d'une trilogie avec son héros blessé.

L'Obs

Une remarquable déambulation dans une ruralité brute.

Le Point

On ne le dira jamais assez, l'écriture de Chris Offutt est à la fois discrète et flamboyante, sans effet et pourtant charnelle, subtile et évocatrice.

Télérama

DU MÊME AUTEUR

Sortis des bois, totem n°188

Nuits Appalaches, 2019 ; totem n°165

Kentucky Straight, totem n°104

Le Bon Frère, totem n°64

Chris Offutt

LES GENS DES COLLINES

Roman

Traduit de l'américain
par Anatole Pons-Reumaux

TOTEM

TOTEM n°263

Titre original : THE KILLING HILLS

ISBN 978-2-404-08013-0
ISSN 2105-4681

Illustration de couverture © Sam Ward
Conception graphique de la couverture : Valérie Renaud

Pour Jane Offutt Burns

Le clair de lune est plus doux au Kentucky
Les jours d'été sont plus riches au Kentucky
L'amitié y est plus vivace
Les flammes de l'amour plus tenaces
Mais le mal est toujours pire au Kentucky

JAMES HILARY MULLIGAN

I

Le vieil homme marchait dans la colline avec un long bâton, repoussant la pomme de mai et la vergerette, en quête de ginseng. Celui-ci poussait bas, masqué par les fourrés. L'année d'avant, il en avait trouvé plusieurs plants dans cette zone, un emplacement idéal en raison des versants exposés à l'est, protégés du violent soleil d'après-midi. Les restes d'un orme en décomposition gisaient à proximité, encore un bon signe. Il s'arrêta pour reprendre son souffle. À quatre-vingt-un ans, il était l'homme le plus âgé de la communauté, le seul vieux de sa connaissance.

Le sol était moite de rosée, et des serpentins de brume s'enroulaient dans les hautes branches. La mélopée des oiseaux du matin emplissait l'air. Il y avait surtout des arbres à bois dur dans ce coin, qu'il appréciait pour leur taille et leur abondance de noix*. Coupés et débités, deux arbres suffisaient à chauffer une famille pour l'hiver.

* Au Kentucky, plusieurs espèces d'arbres donnent des noix, notamment les caryers, qui incluent les pacaniers. (Toutes les notes sont du traducteur.)

Il remontait depuis le fond d'un vallon encaissé et envahi de fougères. Attaché à sa ceinture, un petit sac contenait des plants de ginseng aux racines fourchues. Une des racines était massive et arborait trois excroissances distinctes, qui valaient chacune une petite fortune. Il avait trouvé plusieurs plants plus petits mais les avait laissés à leur place. Il leur faudrait encore un an ou deux de croissance, sous réserve qu'un rival ne les trouve pas en premier. Il avait sur lui un petit revolver de poche calibre 38. L'arme perdait considérablement en précision à plus de quelques mètres, mais elle faisait un sacré boucan, et il la gardait bien visible à sa ceinture. Elle suffisait généralement à éconduire n'importe quel braconneur de ginseng à la petite semaine.

Il gagna un mince affleurement, repoussa une touffe de vergerette et vit une grappe de baies rouge vif. Il fut parcouru d'une brève décharge, la joie de la découverte qu'il avait connue pour la première fois enfant en cherchant du ginseng avec ses frères. Il s'accroupit et creusa délicatement afin de protéger la racine fragile au cas où elle serait trop petite pour être cueillie, ce qui s'avéra le cas. Déçu, il mémorisa l'emplacement précis pour l'année suivante, notant les points de repère – un chêne centenaire et une paroi rocheuse tapissée d'un velours de mousse vert et rouille. Quelque chose arrêta son regard, une couleur ou une forme qui n'aurait pas dû être là. Il s'immobilisa et renifla l'air. Ce n'était pas un mouvement, ce qui excluait un serpent. Ç'aurait pu être un reflet de lumière sur une vieille douille ou une canette de bière. Ni l'une ni l'autre n'était de bon augure – cela signifiait que quelqu'un d'autre était venu dans ce vallon isolé.

Curieux et sans crainte, il avança dans les bois, légèrement courbé, balayant les lieux du regard comme en quête de traces de gibier. Rien ne semblait en troubler la quiétude. Il se redressa pour s'étirer le dos et vit une femme allongée dans une position disgracieuse, le corps contre un arbre, la tête pendant vers le bas, le visage tourné. Elle portait une robe élégante. Ses jambes étaient nues et une chaussure manquait à son pied. L'absence de culotte le fit douter qu'il puisse s'agir d'une chute accidentelle. Il s'approcha et reconnut suffisamment ses traits pour savoir son nom de famille.

Il retourna au plant de ginseng et s'agenouilla dans la terre. Il la creusa avec son vieux couteau militaire et agita la lame jusqu'à pouvoir dégager le jeune plant. Le ginseng se repiquait mal, mais ça valait mieux que de le laisser se faire piétiner par tous les gens qui allaient venir enlever le corps. C'était un joli coin pour mourir.

2

MICK Hardin se réveilla par fragments, chaque partie de son corps semblant séparée du reste comme si on l'avait désarticulé et jeté à la décharge. Il était allongé sur son bras, ankylosé après des heures appuyé sur la terre. Il fit bouger ses jambes pour s'assurer qu'elles fonctionnaient, puis laissa ses pensées dériver. Quelques oiseaux avaient entonné leur refrain dans la lueur de l'aube. Au moins, ce n'était pas un mauvais rêve qui l'avait réveillé. Juste des oiseaux désœuvrés.

Plus tard, il réémergea, pris d'une soif terrible. Le soleil était suffisamment haut pour dépasser la cime des arbres et lui piquer les yeux. L'effort de se retourner requerrait des forces qu'il n'avait pas. Il était dehors, avait dormi dans les bois, avec un peu de chance pas trop loin de la cabane de son grand-père. Il se redressa pour s'asseoir et grogna à cause d'un violent mal de crâne. Son visage était tendu, comme écartelé. Près de lui, trois pierres formaient un petit foyer à côté de deux bouteilles de whiskey vides. On était mieux dans les bois qu'en ville, se dit-il. Mieux dans les collines que dans le désert. Mieux sur l'argile que sur le sable.

Il marcha lentement jusqu'à une citerne au coin de la vieille cabane en rondins et écarta une couche d'insectes morts de la surface de l'eau. Il but dans ses mains en coupe, le liquide froid engourdissant sa bouche. Il avait lu l'histoire d'un scientifique qui parlait à l'eau, puis la congelait et examinait les cristaux, qui changeaient selon ce qu'il disait. Les mots gentils prononcés avec douceur donnaient de meilleurs cristaux. L'idée paraissait tirée par les cheveux mais peut-être que c'était vrai. Les humains étaient composés d'environ soixante pour cent d'eau et ça ne pourrait pas faire de mal d'essayer. Rien ne risquait de faire plus mal que sa tête, de toute façon. Il l'enfonça sous l'eau et parla.

Lorsqu'il fut à court de souffle, il leva la tête pour avaler de l'air, puis la replongea dans la cuve et reprit son monologue. Il avait passé la soirée à se raconter des histoires horribles – sur son passé, son présent et son avenir, un cercle vicieux où la perte d'estime de soi exigeait l'échappatoire de l'alcool, lequel nourrissait de nouvelles ruminations. Il s'efforçait maintenant de trouver des choses généreuses à dire sur lui-même. Quand il parlait, des bulles affleuraient en surface et il sentait le goût de la terre.

La troisième fois que Mick remonta respirer, il vit un véhicule à l'orée de son champ de vision et estima que son imagination lui jouait des tours. Il chassa l'eau de ses yeux. La grosse voiture était toujours là et, pire, un humain marchait manifestement vers lui. Pire encore, c'était sa sœur arborant son uniforme officiel de shérif. Pour couronner le tout, elle riait.

— Qu'est-ce que tu veux ? dit-il.

— Oh, dit Linda, je viens voir comment tu t'en sors question hygiène. Je vois que tu fais bien ta toilette. Un bain d'insectes, comme disait Papaw. Comment tu vas ?

— Comme si on m'avait chié dessus après m'avoir loupé au fusil.

— Au moins t'as la tête propre.

Mick hocha la tête, le mouvement provoquant une douleur qui irradia dans tout son corps. Sa tête lui faisait l'impression d'un tambour si tendu que la moindre pression risquait de déchirer la peau. Il avait trop chargé la mule, clairement.

— Café, dit-il. T'en veux ?

Il entra dans la cabane, l'eau dégoulinant sur son torse et sa chemise de travail en batiste bleu clair. Il remplit de café une cafetière noircie, la posa sur le réchaud – une bonbonne de gaz coiffée de petites ailettes – et alluma la flamme. Linda inspecta une cruche en étain pour voir si elle contenait des insectes.

— Elle vient d'où, cette eau ? dit-elle.

— Du puits de Papaw.

— Combien de temps tu comptes vivre ici ?

— Il faut que je me change.

Linda eut un bref hochement de tête, un geste qu'elle utilisait avec la plupart des hommes depuis son enfance. Tout le monde avait ses petites manies, ses routines. Celles de Mick étaient bizarres, conséquences d'une enfance passée chez leur grand-père dans cette cabane suivie de quatorze ans sous les armes. Il avait été parachutiste avant de rejoindre le CID, la division des enquêtes criminelles de l'armée, spécialité homicides.

Linda évoluait dans la pièce avec léthargie, comme si l'espace rendait le temps obsolète et ralentissait ses mouvements. Une étagère artisanale vissée au mur contenait les trésors d'enfance de Mick – un trilobite, une plume de chouette rayée, une grenouille-taureau momifiée qu'il avait trouvée dans une petite grotte. Une pierre avec trois couches horizontales qui ressemblait à un demi-hamburger. Après avoir bordé Linda, son grand-père faisait mine d'en prendre une bouchée – “la ration du clair de lune”, il appelait ça. Linda sourit en y repensant.

Elle sortit et suivit un chemin vers le pont qui enjambait la rivière jusqu'au versant d'en face. Enfants, elle et Mick construisaient des structures sophistiquées avec des bâtons et des feuilles au bord de la rivière, imaginant une ville avec un moulin, des familles riches, de larges rues, un hôtel et un cinéma. Puis ils s'asseyaient sur le pont et détruisaient tout en jetant des cailloux, enchantés quand ils faisaient mouche. Ce jeu figurait parmi ses meilleurs souvenirs, mais elle se rendait compte à présent qu'il marquait une différence nette entre elle et Mick. Elle aimait bâtir la ville tandis que son frère préférait la détruire.

Il la rejoignit avec le café et ils s'assirent sur le pont, les jambes dans le vide. Comme d'habitude, il attendit qu'elle parle, sachant que ça ne tarderait pas.

— La rivière avait l'air plus loin quand on était petits, dit-elle.

— On a dû combler un mètre de fond avec les cailloux qu'on lançait.

— J'étais justement en train d'y penser.

— Je sais.

— Donc tu peux lire dans mes pensées ?
— Y a rien d'autre à faire ici que remuer des souvenirs.
— T'aimes tant que ça le passé ?
— Pas ces derniers temps, dit-il.
— C'est quoi, une sorte de stress post-traumatique ?
— Là tout de suite, c'est une sale gueule de bois.
— Tu crois que t'es traumatisé de la guerre ?
— Sans doute. Papa l'était. Papaw aussi. (Il souffla sur son café et but une gorgée.) T'en fais pas, je ne présente aucun symptôme de stress post-traumatique.
— Comme quoi ?
— Comme le déni, par exemple.
Elle lui lança un coup d'œil furtif, essayant d'être discrète tout en sachant qu'aucun détail ne lui échappait, pas le moindre foutu détail, même avec la gueule de bois. Son acuité surnaturelle rendait la vie dure à tout le monde, et à lui-même en particulier. Elle décida de ne pas évoquer sa femme enceinte.
— Tu penses à Peggy ? dit-il.
— Mince, mais comment tu peux savoir ça ?
— Simple logique. Mais c'est pas à cause d'elle que t'es là, hein ?
— Exact. Puisque tu es si doué pour tout savoir, dis-moi pourquoi je te rends visite.
— Facile. Tu viens ici en uniforme, avec ton véhicule de fonction, puis tu tournes autour du pot. Tu veux quelque chose.
— Merde.
Mick hocha la tête, amusé. Il adorait sa sœur, son langage grossier en particulier. Elle avait été la première fille du comté à jouer dans le championnat de base-ball, la

première femme adjointe au shérif, et maintenant c'était elle le shérif.

— J'ai un cadavre, dit-elle.

— Enterre-le.

— Ils veulent m'éjecter.

— Qui veut t'éjecter de quoi ?

— Tous les grands manitous de la ville. Le maire veut que la police de Morehead prenne le relais pour qu'il puisse se faire mousser aux élections. L'administrateur du comté dit qu'il n'aime personne de notre famille et que ça fait cinquante ans que ça dure. Il veut refiler l'enquête à la police d'État. Tout ça, c'est de la tambouille procédurale à la con. Ça me rend dingue. La vraie raison, c'est que ça leur plaît pas de voir une femme shérif.

— Et alors ? Ils n'ont aucune autorité sur toi.

— Non, mais ils s'écrasent devant Murvil Knox, un gros magnat du charbon. Le genre de mec fuyant qui te glisse entre les doigts comme un morceau de pastèque. Il finance les deux camps aux élections pour que le vainqueur lui soit redevable dans tous les cas. J'ai eu la pire réunion avec eux ce matin, aux aurores. Trois coqs en habits du dimanche. Je déteste la façon dont les hommes se comportent entre eux.

— Qu'ils aillent au diable.

Ils contemplèrent la rivière. Une brise fit frémir le peuplier, ses feuilles grosses comme la main tournant leur paume au vent.

— Ce genre de meurtre, dit-elle. C'est du jamais vu ici.

— Qu'est-ce que tu veux dire ?

— Quand on trouve un cadavre dans le comté de Rowan, la plupart des gens savent déjà qui l'a tué. Le plus souvent un voisin, une famille, ou la drogue. Ou bien c'est deux ivrognes qui se disputaient à cause d'un chien. Là, c'est différent. Tout le monde aimait cette femme. Elle était réglo, n'avait pas d'ennemis, pas de mauvaises fréquentations.

— Fort possible que ce soit un homme qui a fait le coup.

— Je suis d'accord. Tu es spécialisé en homicides. Tu connais mieux les collines que moi. Les gens te parleront, à toi.

— Tu demandes de l'aide ?

— Jamais de la vie.

Il hocha la tête, tout sourire.

— Qu'est-ce que tu as pour l'instant ? dit-il.

— Une veuve de quarante-trois ans. Choctaw Ridge. À l'écart du chemin pare-feu derrière Clack Mountain. Veronica Johnson, surnommée Nonnie. C'était une Turner avant son mariage. Son mari est mort. Nonnie et son gamin se sont installés chez sa belle-sœur. Elles ont toutes les deux épousé des Johnson qui sont morts jeunes.

— Va leur parler. Vois ce que sait le fils.

— C'est fait. Il est à ramasser à la petite cuillère. Quelqu'un a emmené sa mère dans les bois et l'a balancée dans la colline comme un déchet.

— Ça s'est passé quand ?

— Il y a trois jours.

— Il a plu hier et la moitié de la nuit. On verra rien sur la scène de crime. La pluie a effacé toutes les traces. C'est pour ça que j'étais dehors.

— Tu aimes boire du whiskey et dormir sous la pluie ?

— Oui.

— Pourquoi ?

— Parce que je ne pouvais pas le faire en Irak, en Afghanistan ou en Syrie. Pas de whiskey. Pas de pluie.

Linda alla à sa voiture et revint avec une enveloppe en papier kraft estampillée de l'insigne officiel du comté. Mick hocha la tête, une habitude qu'elle reconnut de leur grand-père. Quand ils étaient ensemble dans la même pièce – Papaw et Mick –, ça faisait plus de hochements de tête qu'un chien sur la plage arrière d'une voiture. Elle détestait être coincée au feu rouge derrière ces chiens.

Elle lui tendit l'enveloppe.

— Les photos de la scène de crime, dit-elle.

— Qui a découvert le corps ?

— M. Tucker. Tu le connais.

— Le concierge de l'école ? Je le croyais mort.

— C'est pas loin. Sa femme est malade. Il prend soin d'elle, c'est ça qui le fait tenir.

Mick étudia les photos une par une, s'attardant longuement sur chacune. Après les avoir parcourues, il mit de côté celles du corps et rassembla celles du chemin de terre. Il les étala sur le pont couvert de mousse et se mit à les déplacer comme s'il cherchait une séquence. Linda aimait cet aspect de lui, sa capacité à se focaliser, l'intensité de sa concentration. Elle avait vu ça chez les joueurs de billard, les chasseurs à l'arc et les codeurs informatiques.

— Qu'est-ce que tu peux me dire ? demanda-t-elle.

Lorsqu'il parla, sa voix avait un ton différent, plus lent et distant, comme s'il parlait à travers une vitre.

— Il y a sept traces différentes. La première voiture était la sienne et les autres ont roulé par-dessus. Qui est monté là-haut ?

— Moi. Un adjoint. Une ambulance. Le coroner du comté. Un type de la Division de la Faune. Un voisin venu voir la raison de tout ce tapage.

— Qui ?

— Fuckin' Barney.

— Tu lui as parlé ?

— Non, j'étais au tribunal toute la semaine. Un vrai bordel. Deux tox qui forçaient leur mamie à vivre dans une remise pendant qu'ils fabriquaient de la meth dans sa maison. J'ai pas encore eu le temps de chercher Fuckin' Barney. Il est censé vivre avec sa mère. Je l'ai appelée, elle a pas répondu.

— Je vais aller la voir.

— C'est gentil.

— Je le fais pas pour toi.

— Pour qui alors ? Nonnie ?

— Non, pour le type qui l'a tuée.

— Je saisis pas, dit-elle.

— Tu sais ce que va faire la famille de Nonnie. Un gars va descendre le tueur, puis se faire coffrer.

— Tu essaies d'éviter la prison à un inconnu ?

Il regarda la rivière en contrebas, s'attarda sur une sauterelle en train de grignoter un brin d'herbe. Sa voix reprit son ton distant, comme une cloche d'église qui résonne dans un long vallon.

— Je veux pas voir d'autres morts, dit-il. J'en ai vu assez à l'étranger. Si je peux l'empêcher, je le ferai.

Elle avait beau connaître son frère, Linda n'avait aucune idée de ce qu'il avait enduré dans le désert. Comme les autres hommes de leur famille, il n'évoquait jamais ses souvenirs de guerre.

Mick se leva et lui tendit la main. Elle l'ignora et ils rentrèrent à la cabane. La vigne vierge couvrait le mur ouest, les lianes aussi épaisses qu'un canon de fusil.

— Ça peut pas être bon pour le bois, dit-elle.

— C'est pire à l'arrière.

— Fais-moi plaisir, dit-elle. Garde ton portable sur toi, pour changer. Je t'ai appelé quatre fois.

Il hocha la tête. Elle le regarda grimper les marches dégrossies jusqu'au porche, réprima l'envie de poser des questions sur son couple. Inutile de le mettre en colère alors qu'il avait accepté de l'aider.

3

Mick avala quatre Advil, but un litre d'eau et sortit, appuyant à fond sur la porte moustiquaire tordue pour s'assurer qu'elle ferme bien. Des années de réparations lui donnaient l'apparence d'un vieux patchwork rafistolé avec de la ficelle, du fil de fer et une poche de jean. L'arrière-grand-père de Mick avait bâti les quatre pièces de la cabane de ses propres mains, une construction solide avec des angles qui restaient droits, des murs d'aplomb, un sol plat comme un étang. Il avait choisi cet emplacement en raison des difficultés du terrain. Les collines étaient trop raides et les vallons trop étroits pour abattre des arbres. Mick avait perdu son père à neuf ans et il avait emménagé dans la cabane avec son grand-père, qui s'occupait de son propre père. Linda était restée en ville avec leur mère. Les deux vieux avaient appris à Mick tout ce qu'ils connaissaient sur les bois, un savoir qui remontait à la Grande Dépression.

Il alla chercher son portable dans le pick-up. Quatre messages de sa sœur. Aucune nouvelle de sa femme. Trois appels en absence d'un numéro qu'il identifia comme celui d'une base militaire en Allemagne. Sa migraine s'était un peu calmée et il avait envie de se recoucher. Au lieu de quoi il prit la route de Choctaw Ridge dans le vieux pick-up de son grand-père, un Chevrolet stepside de 1963. S'il se sentait suffisamment d'aplomb ensuite, il irait voir sa femme.

Mick roula jusqu'à la station-service la plus proche, une entreprise familiale à vingt kilomètres de distance. Mick connaissait les Haney depuis toujours. C'était un petit-fils qui tenait maintenant l'affaire, ou peut-être un arrière-petit-fils – chaque génération semblait identique : un torse massif avec des épaules comme un manteau de cheminée, des bras puissants et des jambes trapues. La tête plus ronde qu'allongée. Tous avaient le visage rougeaud et une tignasse rebelle qui commençait rousse, virait rapidement au gris et finissait blanche. Enfant, Mick connaissait le patriarche, un homme aux cheveux couleur neige qu'on appelait Red. Il se gara sous le panneau peint à la main qui annonçait CHEZ HANEY – BIBLE ET PNEUS.

Le modèle le plus récent des Haney s'approcha du véhicule.

— Je connais ce pick-up, dit-il. Hardin, pas vrai ?

— Ouaip, je suis Mick. Toi, tu es lequel ?

— Joe.

— Big Joe ou Little Joe ?

— Aucun des deux. Eux c'est mes cousins. Moi on m'appelle Little Big Joe. Vous cherchez des pneus, de l'essence ou une bible ? Tout ce qu'il vous faut pour aller au bout du monde.

— Le plein de sans-plomb. Je dois grimper une pente pleine de boue. Tu aurais de la ferraille pour faire contrepoids à l'arrière ?

— J'ai un bloc-moteur Ford qui fait deux cents kilos.

— Combien tu en demandes ?

— Combien vous en donnez ?

Little Big Joe laissa flotter un sourire espiègle sur ses lèvres tandis qu'il dévissait la trappe à essence et insérait le pistolet. Mick hocha la tête. La culture du troc dans les collines lui avait manqué. Les négociations à rallonge offraient aux hommes la possibilité d'exhiber leurs connaissances sans passer pour des m'as-tu-vu. Son grand-père était capable de partir avec un canif bon marché et de rentrer avec une tête de bétail.

— Je t'en donne trente dollars, dit Mick.

Little Big Joe mima une grimace de douleur, laissant le silence s'installer jusqu'à ce que Mick propose plus. Au lieu de quoi Mick dégagea des feuilles mortes et des brindilles du petit espace abritant les essuie-glaces, puis essuya le rétroviseur extérieur avec un pan de chemise.

— Un bloc-moteur c'est bien lourd, dit Little Big Joe. Ça bougera pas sur le plateau.

— Ça devrait suffire.

— Je vous le fais à cent vingt-cinq.

— Ça va pas être possible.

— Pour cinquante, j'ai des essieux et un poêle à bois défoncé. En fer. Mais c'est vous qui les montez dans le pick-up.

— Et si on disait soixante-quinze et tu m'aides à charger le bloc-moteur.

Little Big Joe acheva de remplir le réservoir.

— Cent, dit-il.
— Quatre-vingt-dix.
— OK, mais allez pas raconter à tout le monde que vous m'avez dépouillé.
— Promis.

L'empressement de Little Big Joe à accepter le prix signifiait que c'était lui qui faisait une affaire, chose confirmée par le fait qu'il demande à Mick de garder ça pour lui. Il le protégeait d'une humiliation publique après avoir eu l'avantage sur lui. C'était l'usage dans les collines. Les gens veillaient les uns sur les autres même en cas de conflit.

Une demi-heure plus tard Mick reprit la route, la suspension presque aplatie sous le poids. Il avait transpiré dans ses vêtements en chargeant le moteur et se sentait un peu mieux. L'accélération était lente, mais il faisait confiance à son pick-up pour braver la boue du chemin pare-feu. Pour arriver à Choctaw, il roula presque jusqu'à la ville avant de repartir dans un virage en tête d'épingle le long de Lick Fork Creek. Au volant, il pensa à sa sœur. C'était une Hardin, bornée et coriace, et Mick savait qu'elle avait dû ravaler son orgueil pour lui demander de l'aide, même indirectement. Il ferait ce qu'il pouvait. Linda avait commencé sa carrière dans les forces de l'ordre au central de Morehead. Cinq ans plus tard l'adjoint au shérif avait été accusé de harcèlement sexuel. Il avait démissionné et on avait proposé le poste à Linda pour redorer le blason des politiques. Quatre mois plus tard le shérif était mort d'une violente attaque en pêchant dans la Licking River et Linda avait été promue.

Mick quitta le goudron pour un chemin de terre à voie unique qui suivait les ondulations du terrain. Les fougères oscillaient à côté des flaques de boue dans les parties basses tandis que les parties hautes abritaient du mouron des oiseaux et du physalis. Le chemin pare-feu était facile à manquer et Mick ralentit l'allure, cherchant une brève absence d'arbres et non le début d'un chemin – une des leçons de son grand-père. Chercher interférait avec la capacité à trouver. *Ne cherche pas les champignons, regarde là où ils poussent. La nuit, ne cherche pas la piste d'un animal, va juste là où il n'y a pas d'arbres. Vois des formes et des couleurs, pas la chose elle-même.*

Ce mode de pensée lui avait rendu de grands services dans ses activités d'enquêteur à l'armée. Mick procédait de la même manière que son grand-père dans les bois – ouvert à tout ce qui était autour de lui, voyant ce qui était là, et utilisant ces informations pour mieux appréhender la situation. Les noix des feuillus attiraient les écureuils qui étaient la proie des serpents lovés dans les sous-bois. Avant de ramasser des noix, son grand-père ratissait les fourrés avec un long bâton pour effrayer les serpents. Le plus souvent, ils mordaient à la main ou au pied. C'était pareil avec les gens, disait Papaw. Mick n'avait pas compris ce qu'il voulait dire jusqu'au jour où trois de ses camarades avaient pris une balle dans la main lors d'une intervention dans une maison en Irak.

Au bout du chemin pare-feu, il inspecta les profondes ornières ruisselantes de glaise. En faisant attention, il pourrait chevaucher les sillons et gravir la pente raide. La direction était imprécise avec les pneus qui glissaient, mais le poids du moteur Ford sur le plateau offrait une traction suffisante. Au sommet, il se gara à bonne distance du fouillis de traces de pneus que la pluie avait changées en flaques.

La boue couinait sous ses bottes à chaque pas quand il s'approcha de l'à-pic puis descendit la colline vers une étroite ligne de crête. Il tira de sa poche les photos de la scène de crime et se positionna de manière à adopter la même perspective. Le corps avait été retrouvé dans un angle de trente degrés par rapport à la pente, contre un orme immense, un des rares qui avaient survécu dans les collines. Les feuilles au sol étaient côté sombre vers le haut, après avoir été foulées par les secours et les forces de l'ordre.

Mick s'accroupit et étudia la terre, utilisant un bâton pour repousser les broussailles. Il trouva deux plumes de dindon et une cachette de noix de pécan oubliée par un écureuil. Il retourna à l'endroit où le corps avait été découvert et leva les yeux vers le haut de la colline. Un févier était visible à côté d'un cornouiller. Il mémorisa leur position, puis remonta la pente jusqu'aux deux arbres. Si la femme avait été balancée depuis le sommet, elle était morte près de l'endroit où il se tenait. La beauté des lieux était indifférente à la mort. La nature avait l'habitude.

Il roula vers la ville et s'arrêta dans un magasin de proximité où il acheta du pain de mie, du pâté de jambon en conserve et quelques boîtes de soupe. Une section bricolage miniature proposait des boîtes de clous qui ployaient au premier coup de marteau, un assortiment d'écrous et de boulons qui cassaient à la moindre pression d'une clef, et des rouleaux de fil de fer si fin qu'on aurait pu le couper avec les dents. Les prix étaient élevés et Mick se demanda si le facteur proximité s'appliquait aux riches qui ne savaient pas effectuer une réparation élémentaire. Il estima que ce genre de réflexion signifiait qu'il se sentait un peu mieux. Sa migraine avait disparu. Il retourna à la cabane faire une sieste.

4

À LA nuit tombée, Mick roula jusqu'à la ville, suivit Second Street vers l'ouest et bifurqua sur Bays Avenue. Figurant parmi les plus anciens de Morehead, le quartier était essentiellement résidentiel avec quelques logements étudiants. Çà et là brillait la lueur d'un porche. À certaines fenêtres, le bleu vacillant des télévisions. De petits vélos gisaient dans les jardins.

Il se gara sous les lianes mouvantes d'un saule pleureur, arbre préféré de sa femme et élément déterminant dans l'achat de leur maison. Depuis l'intérieur, lui et Peggy pouvaient voir le feuillage frémir à la moindre brise. À présent, tapi sous le chapiteau ondoyant des rameaux de saule, il observait la maison, deux fenêtres éclairées, une ombre occasionnelle signalant la présence de quelqu'un – sa femme.

Pendant ses premières années de service, ils avaient exploré l'Europe ensemble. Ils rejoignaient en train de petites villes côtières, mangeaient des spécialités locales et buvaient du vin dans les cafés. Elle avait dix-neuf ans et lui vingt-deux. Leur existence commune avait un parfum d'aventure, mais la transhumance permanente de la vie militaire ne permettait pas à Peggy de trouver un travail épanouissant. Atteinte de la timidité des petites villes, elle était incapable de nouer des liens immédiats avec les autres épouses, un élément vital pour les familles de l'armée. Mick avait demandé un poste fixe et s'était fait muter à la garnison de Baumholder en Allemagne. Le temps d'attente pour un logement était de trois semaines. Entre-temps, ils avaient séjourné au Lagerhof Inn, un hôtel militaire. Après cinq jours de dispute, ils avaient décidé d'acheter une maison dans le Kentucky pour qu'elle y réside à l'année.

Elle était plus heureuse à Morehead et Mick s'en réjouissait. Elle lui manquait à Baumholder, mais leurs moments passés ensemble au pays étaient joyeux et détendus. Ses permissions dans le Kentucky étaient teintées du même romantisme qu'à leurs débuts. Ils prévoyaient des dîners chics à Lexington ou s'offraient des virées avec des sandwichs, un pack de bières et des chaises pliantes. Ils regardaient le coucher de soleil au lac de Cave Run.

Leur nouvelle vie fonctionnait bien avec les SMS et le téléphone. Ils avaient essayé le chat vidéo, mais ni l'un ni l'autre n'aimait ça. À cause des neuf heures de décalage, un des deux était toujours fatigué et parlait dans le noir. L'hiver dernier elle avait pris un poste chez Lowe's, un magasin de bois et de bricolage à Mount Sterling, à quarante minutes de route. Lors de leurs conversations elle affichait une confiance nouvelle et une propension à rire, deux choses qui enchantaient Mick.

Pendant huit mois, il avait enchaîné les enquêtes sans interruption, un meurtre en Syrie, un meurtre assorti d'un viol dans une garnison de Grafenwoehr, en Bavière, et un double homicide dans une base avancée en Afghanistan. Les communications avec Peggy se tarirent peu à peu – des e-mails plus courts, des intervalles croissants entre deux messages, des appels moins fréquents. Mick mit ça sur le compte de ses journées de douze heures et de l'absence de réseau. Il élucida les crimes et retourna à Baumholder. Cela faisait alors six semaines qu'il n'avait plus eu le moindre contact avec sa femme.

Suivant le réflexe immémorial de toutes les sœurs du monde, Linda avait envoyé un message à Mick pour qu'il appelle Peggy. Il le fit et elle ne répondit ni à ses appels ni à ses messages. Il appela Linda qui annonça la nouvelle : Peggy était enceinte, et très proche du terme. Dans l'appartement spartiate où il avait temporairement été affecté, il effectua un rapide calcul. Les dates collaient, coïncidant avec sa dernière visite au Kentucky.

— Mick, dit sa sœur. Hé-ho. Tu es toujours là ?

— Ouais. Ça te fait quoi d'être bientôt tata ?

— Il faut que tu lui parles.

— Elle ne prend pas mes appels. Pas de textos, rien.

— Je crois qu'elle a peur. Elle ne veut pas t'embêter si ce n'est pas important.

Mick mit fin à la conversation et demanda un congé familial exceptionnel auprès de son supérieur. Le lendemain, il prenait un billet pour l'aéroport de Bluegrass à Lexington. Une voiture le déposa chez lui et il se retrouva dans son allée avec sa valise, heureux d'être de retour au pays. La maison avait l'air en bon état, mais les gouttières avaient besoin d'un bon coup de nettoyage. Peggy s'avança sur le porche vêtue d'un pantalon de survêtement et d'un

T-shirt ample qui recouvrait son ventre gonflé. Elle était appuyée contre l'encadrement de la porte, l'air épuisé. Il n'avait jamais vu ses cheveux aussi denses et brillants. Après une brève étreinte maladroite autour du renflement de Peggy, elle s'installa dans le canapé.

— Tu as l'air en forme, dit-il. Ça te va bien.

— Je n'arrive pas à trouver une position confortable. Je n'arrête pas de faire pipi.

— J'aimerais pouvoir faire quelque chose pour t'aider.

— Personne ne peut m'aider.

Elle se déplaça sur le canapé avec une grimace de douleur. Il adoucit sa voix pour apaiser le tourment de sa femme.

— C'est prévu pour quand ?

— Officiellement dans quinze jours. Ça peut être dans trois jours comme dans trois semaines. Le premier arrive souvent après le terme. J'ai juste envie qu'il sorte.

— Pourquoi tu ne m'as rien dit ?

Elle lui lança un bref regard puis baissa les yeux vers le tapis hérité de sa grand-mère. On aurait dit un fleuve qui les séparait. Sa réponse mit trop longtemps à venir et les réflexes d'interrogatoire de Mick prirent le pas. Quelque chose clochait.

— Peggy, reprit-il doucement. Pourquoi tu ne m'as rien dit ?

— Je ne voulais pas que tu te fasses de souci. Je ne voulais pas que tu rentres fâché.

Elle avait répondu très vite et évitait toujours de le regarder.

— Autre chose ? dit-il.

— Oui, Mick. J'ai fait une erreur. Je suis désolée.

— Ce n'est pas grave.

— Si.

— Les gens ont des enfants tout le temps. On va y arriver.

— Il se pourrait qu'il ne soit pas de toi.

— Quoi ? Qu'est-ce que tu dis ?

— Je ne sais pas si tu es le père, Mick.

Mick eut l'impression d'avoir été aspergé de kérosène et enflammé. Ses intestins se révulsèrent brusquement. La situation était simple, mais il ne parvenait pas à appréhender le fait que c'était sa situation, leur situation. Ce genre de choses arrivait aux autres. Il avait envie de reprendre un avion pour l'Allemagne. Au lieu de quoi il resta immobile, essayant de se détendre.

— Raconte-moi tout, dit-il.

Elle désigna son ventre :

— Tout est là.

— Parle-moi.

— Ça ne changera rien.

Elle parcourut la pièce du regard comme si elle cherchait quelque chose en particulier, un point où fixer ses yeux, une issue de secours. Il attendit, écartant délibérément les jambes dans le fauteuil. Il s'y enfonça aussi loin que possible, essayant de descendre sa tête plus bas que celle de Peggy, un vieux truc pour laisser le dessus à son interlocuteur. Peine perdue. Elle était affalée sur le canapé qui était déjà plus proche du sol que le fauteuil. Il se redressa. À l'aéroport de Lexington, il avait pris une douche et enfilé les vêtements qu'elle aimait, un jean Lee, pas un Levi's, une chemise bleu ciel à manches courtes. Maintenant il se sentait idiot d'avoir tenu compte de ses préférences. Si son couple était en si mauvais état, il se demandait à quel point il se berçait d'illusions sur le reste.

Il alla à la salle de bains, scrutant instinctivement les lieux en quête des traces d'un homme – un rasoir récemment utilisé, un déodorant, une brosse à dents. Il n'y avait rien, mais elle avait pu faire le ménage. Il s'aspergea le visage d'eau froide et revint au salon. Peggy avait changé de position, cherchant le réconfort d'un coussin supplémentaire, ses pieds nus calés sur un tabouret. Elle avait les chevilles gonflées.

— Je reviens dans vingt minutes, dit-il.

Il prit la voiture de sa femme pour aller acheter un test de paternité dans une pharmacie. Il racla l'intérieur de sa bouche avec un écouvillon, puis l'inséra soigneusement dans le tube en plastique et revint chez lui. Peggy avait encore changé de position et jouait à un jeu sur son téléphone. Il posa le test sur la table basse.

— Voilà, dit-il. Mon ADN est déjà dedans. Dis à ton médecin de te faire une prise de sang, ensuite tu l'envoies.

— Quoi ?

— Vois si l'enfant est de moi. FedEx passera récupérer le colis. Ça prend environ une semaine.

Il se tourna pour partir.

— Tu vas où ? dit-elle.

— À la cabane de Papaw.

Il s'en alla avec l'envie de claquer la porte, mais il la referma doucement pour éviter de déranger Peggy. Il marcha jusqu'à son magasin de spiritueux favori, installé dans une ancienne gare de fret. Best Chance était tenu par la famille d'un ancien bootlegger, un homme énorme du nom de Beanpole*. Il acheta une caisse de bourbon et appela un taxi. Le chauffeur chercha à engager la conversation, puis il vit le visage de Mick dans le rétroviseur et renonça. À la limite du comté, il le déposa sur un chemin de terre qui n'était guère plus qu'une paire d'ornières avec des mauvaises herbes. Mick porta son fardeau sur trois kilomètres et fit une pause. Il regrettait son sac à dos. Il regrettait d'être rentré chez lui. Il grimpa la colline jusqu'à la cabane et but une bouteille de whiskey. Pendant les neuf jours suivants il but jusqu'à ce que sa sœur vienne lui demander de l'aide.

À présent il était dans le vieux pick-up derrière le saule et se demandait comment procéder. S'il se présentait à la porte, fallait-il frapper ? Fallait-il appeler avant ? Avait-elle envie de le voir ? Elle était seule, dans une situation compliquée, et avait besoin de soutien. Sa loyauté faisait de lui un bon soldat, un bon frère, et un bon mari, mais il n'y avait pas de chemin tout tracé. Il était en eaux troubles. Bien des fois il avait pénétré dans des bâtiments inconnus en sachant que des hommes à l'intérieur voulaient le tuer. Il avait porté un gilet pare-balles, trois armes, des munitions de rechange, une radio et des pansements compressifs israéliens. Là, il rôdait devant sa propre maison sans protection et il avait peur.

Une voiture passa au pas, prit un virage très large comme si la personne au volant était un vieillard ou un adolescent qui venait d'avoir le permis. Un homme promenait un chien minuscule au bout d'une laisse. Mick repensa à l'achat de leur maison. Ils n'avaient jamais été

* *Beanpole* au sens figuré signifie “grand maigrichon”.

aussi heureux que lorsqu'ils avaient repeint les murs ensemble, lui au rouleau et elle au pinceau. Ils avaient refait la plomberie d'une salle de bains, un chantier plus simple que ce qu'il imaginait – ce n'était pas facile à proprement parler, mais l'équation était claire : l'eau propre entrait, l'eau sale ressortait, et la gravité faisait le gros du travail.

Il aimait Peggy. Il l'aimerait toujours. Il n'avait jamais autant apprécié une femme, jamais trouvé une femme aussi séduisante. Pendant l'amour, le visage de Peggy semblait euphorique, sa bouche minuscule, ses yeux écarquillés comme sous l'effet d'une drogue. C'était ça qui le perturbait. Pas le sexe ou l'enfant qui poussait dans son ventre, mais l'injustice pure et simple qu'un autre homme voie ce visage-là.

Il décida de traverser la pelouse, toquer deux fois, entrer et la prendre dans ses bras. À l'instant où il posa sa main sur la portière du pick-up, il fut transpercé par une peur comme il n'en avait jamais connu au combat. Il tourna la clef dans le contact et roula jusqu'à la cabane. Pendant des heures il resta allongé sur le petit lit de camp en regrettant de ne plus avoir de bourbon. Il avait entendu que le temps soignait toutes les blessures, et savait que c'était un mensonge. Le temps ne soignait rien du tout, il vous faisait oublier. Le whiskey accélérait le processus. Le sommeil se refusa à lui jusqu'à ce qu'il s'imagine dans son lit, dans sa maison, auprès de Peggy.

5

SHIFTY Kissick faisait son lit tous les matins en veillant à ne pas laisser les oreillers l'un contre l'autre de peur que cela suggère une activité sexuelle. Son mari avait beau être mort depuis dix ans, elle restait fidèle à cette habitude. Elle avait cinq enfants adultes, dont une fille qui était partie pour le Michigan quand son mari avait trouvé du travail dans une usine Ford. La famille rendait visite à Shifty une fois par an, mais elle n'arrivait pas à comprendre que ses petits-enfants refusent de quitter la maison. Ils préféraient rester assis sur le canapé et se regarder jouer à des jeux sur des écrans minuscules.

Lors de leur dernière visite, Shifty avait rempli trois bocaux de quelques brins d'herbe et perforé les couvercles. Avec la promesse de cookies pour les appâter, elle avait rassemblé ses petits-enfants dehors au crépuscule, attrapé une luciole et l'avait donnée à la plus petite. Les deux garçons avaient commencé à chasser ces insectes erratiques dans le jardin et Shifty avait repensé à l'époque où ses enfants faisaient pareil. Lorsque la partie arrière de la luciole s'éclairait, ses garçons la pinçaient et se tartinaient le visage de substance bioluminescente. Ils sautaient sur leur mère dans le noir et elle faisait semblant d'avoir peur. C'était un bon souvenir et elle espérait que ses petits-enfants lui feraient le même coup. Pour les encourager, Shifty avait pressé la substance lumineuse verte sur ses doigts pour s'en tamponner délicatement le nez. Les enfants avaient relâché immédiatement leurs lucioles et détalé dans la maison. Un des garçons pleurait. “C'est un être vivant, disait-il. Tu as tué un être vivant.”

Il s'était montré méfiant envers sa grand-mère pendant une journée puis il était passé à autre chose, mais Shifty ne lui avait plus jamais fait confiance. Elle en voulait à sa fille d'avoir élevé des enfants pareils. Elle ne savait même pas de quelle espèce ils tenaient – des gamins de ville, sans doute. Du genre à voler des enjoliveurs et porter des crans d'arrêt.

Pour l'essentiel, Shifty appréciait d'avoir la maison pour elle. Elle avait vécu avec son père jusqu'à l'âge de vingt-deux ans, puis elle avait emménagé avec son mari. Shifty n'avait jamais vécu seule auparavant et cela lui plaisait. Elle pouvait traîner au lit et manger un sandwich au rosbif si ça lui chantait. Les voisines l'exhortaient à prendre un animal de compagnie. Elle refusait catégoriquement. Shifty avait passé sa vie à s'occuper des autres – son père, son mari, sa fille qui l'avait trahie en s'en allant, et ses quatre fils. Hors de question qu'elle aille s'embêter avec un chat ou un chien. Elle avait toutefois recueilli une poule égarée et lui avait appris à marcher à reculons.

Sa tranquillité et sa solitude avaient volé en éclats quand ses plus jeunes fils étaient revenus, l'un après l'autre. Les deux aînés étaient de l'histoire ancienne pour elle – un dans la tombe et l'autre en garnison à Camp Pendleton à San Diego. Pendant un moment elle s'était fait du souci pour lui en Californie avec tous ces tueurs en série et ces végétariens, mais elle avait fini par se dire qu'un Marine était capable de se débrouiller tout seul.

Après avoir fait le ménage, elle ouvrit les fenêtres pour aérer les pièces. Elle sortit et parla à Sparky, mais la poule était mal lunée et refusait de coopérer. Shifty s'en fichait, les oiseaux avaient toujours leurs humeurs. Elle serait pareille si elle passait sa vie à donner des coups de bec dans la terre. Récemment, elle avait été déprimée par une émission sur les autruches, essayant de s'imaginer la triste vie d'un oiseau qui ne pouvait pas voler. Au prix de grands mouvements confus, même Sparky pouvait aller se poser sur une branche d'arbre pour se mettre à l'abri. Les gens mangeaient les autruches – la télé disait qu'elles étaient meilleures saignantes. Shifty ne pouvait s'empêcher de penser à la manière de les tuer. Elle avait tordu le cou à de nombreux poulets, mais ç'aurait été impossible avec une autruche. Et ensuite, il fallait plumer la bête.

Un panache de poussière s'éleva sur la route et elle entendit un moteur, reconnaissant un vieux modèle. Un pick-up stepside arriva dans son champ de vision, manœuvrant pour éviter les branches basses d'un pommier sauvage. Elle connaissait ce véhicule mais n'arrivait pas à se souvenir à qui il appartenait. Le conducteur s'arrêta et sortit. Contrairement à la plupart des hommes, il ne portait pas de casquette et ses cheveux étaient très courts, inégaux comme s'il les coupait lui-même. Il portait une chemise à manches courtes qui n'avait pas l'air de première fraîcheur. Il était rugueux comme un épi de maïs et aurait eu besoin d'un sérieux rasage.

— Le bonjour, madame Kissick, dit l'homme. Je suis le fils de Jimmy Hardin, Mick.

— C'est le pick-up de ton père ?

— C'est ça. Et de son père avant. Vous avez dû connaître mon Papaw.

— Entendu parler. Je crois pas qu'on se soit rencontrés. J'ai connu ton père il y a une éternité. Tu lui ressembles un peu.

Elle étudia Mick du regard, appréciant qu'il reste à sa place, attendant poliment une invitation sur son terrain.

— Tu lui as mis la main dessus ou pas encore ? dit-elle.

— Euh, qui ça, madame ?

— Le type qu'a volé ton rasoir !

Il frotta sa joue râpeuse. Shifty gloussa, puis éclata de rire.

— Pas entendu ça depuis un bail, dit-il.

— Viens sur le porche. Tu veux un café ?

Mick hocha la tête et traversa la pelouse. Il guettait un chien mais ne vit qu'une poule marchant à reculons.

— Elle fait toujours ça, votre poule ? dit-il.

— Non, pas toujours. Sûrement qu'elle frime pour la compagnie.

Shifty désigna d'un geste une chaise longue en nylon avec une télécommande scotchée au bras. Elle rentra dans la maison, la porte moustiquaire claquant une fois avant de se fermer, un bruit qu'elle avait toujours aimé.

La vieille chaise craqua quand Mick s'assit et étira ses jambes, les talons de ses bottes sur le sol. Le porche donnait sur le chemin de terre, une ligne de mauvaises herbes marquant l'emplacement de la rivière et la colline escarpée derrière. La brise charriait l'odeur de la menthe des montagnes. La poule avait disparu au coin de la maison et Mick se demanda si elle s'entraînait à faire des saltos arrière.

Shifty posa deux tasses de café sur une petite table entre les chaises.

— Je parie que tu te demandes ce que fait cette télécommande ici.

— Dur de la perdre comme ça.

— Exact. Quand mes garçons rentrent ici, ils mettent tout en pagaille. J'en ai eu marre de fouiller dans le canapé.

— C'est plus ou moins à cause de votre fils que je suis là.

— Lequel ?

— Euh… hésita Mick. Le deuxième, je dirais.

— Ah. Fuckin' Barney. Il est pas là pour le moment.

— Vous l'appelez aussi comme ça ?

— On est une famille à surnoms. Tu sais que Shifty n'est pas non plus mon nom. Moi, c'est Camille Littleton, et puis je me suis mariée et mon mari s'est mis à m'appeler Shifty parce que mes seuls vêtements, c'étaient des robes droites cousues par ma mère*. Maintenant on a Cricket, Jimbo, Junebug, Sheetrock, Doodle et Rickets**.

— Rickets. C'est pas une maladie, ça ?

— Si, mais il l'a jamais eue. Juste né avec les jambes arquées.

Mick but une petite gorgée de café et fit la grimace. Le breuvage avait dû rester sur le feu toute la matinée. Il le

* *Shift* désigne une robe droite ; *shifty* signifie sournois, fuyant.

** *Cricket* : grillon ; *jimbo* : diminutif de James ; *sheetrock* : équivalent du placoplâtre ; *junebug* : hanneton ; *doodle* : gribouillage ; *rickets* : rachitisme.

sentit attaquer son estomac et se chamailler avec les restes de whiskey. Une vague de nausée le parcourut, suivie d'une soudaine couche de transpiration qui recouvrit son corps.

— C'est quoi cette odeur ? dit Shifty.

— Je pense que c'est moi, madame. J'ai bu un peu trop de whiskey il y a un ou deux soirs de ça.

— Bien ce que je pensais. C'est pas pour me déplaire. Mon mari avait la même odeur le dimanche matin. Mes garçons puent la marijuana la plupart du temps. Tu fumes ce truc-là ?

— J'ai essayé, oui. Je n'ai pas accroché. Ça me rendait nerveux. Tous les autres étaient détendus et joyeux mais pas moi.

— Moi, ça m'a filé mal à la tête.

— Peut-être qu'elle n'était pas forte.

— C'est ce qu'a dit Fuckin' Barney. Mais je n'ai jamais réessayé. Je ne sais pas quand il va rentrer, mais tu peux rester ici boire du café avec moi toute la journée. Il a des ennuis ?

— Je suis pas flic, madame.

— Ta sœur si.

Mick hocha la tête, conscient du regard intense fixé sur lui. Il se risqua à une nouvelle gorgée. Le café lui embua les yeux et il abandonna. Shifty rentra dans la maison et revint avec une petite assiette.

— Reste de saucisse et de petits pains de ce matin, dit-elle. Il faut caler le fond de ton estomac. Moi, j'aime le café fort.

Mick mangea, savourant les pains maison et la viande de porc, puis s'essuya les mains sur son pantalon.

— Qu'est-ce que tu lui veux, à mon fils ? dit-elle.

— Une femme a été tuée à Choctaw il y a quelques jours et votre fils est monté là-haut. Peut-être qu'il a vu une voiture. Les gros bonnets de Morehead ne lâchent pas ma sœur avec ça.

— Je lui dirai. Est-ce que t'as déjà eu un surnom ?

— Au camp d'entraînement, on en avait tous un. Mais c'est pas convenable de le dire devant une dame.

— C'est tout à ton honneur. Ça fait un moment qu'on ne m'avait pas traitée avec un peu de respect.

— Merci pour les petits pains. C'est les meilleurs que j'aie jamais mangés.

Elle sourit, effaçant les années de son âge. C'était une femme qui riait beaucoup à une époque et il espérait que c'était toujours le cas. Mick se leva.

— C'est joli, chez vous, dit-il.

— J'ai vécu ici presque toute ma vie. Suis allée à Lexington une fois pour un match des Wildcats. J'ai pas aimé.

— Ils ont perdu ?

— Non, gagné. Mais je n'étais pas seule à y aller ce soir-là. Tous ces gens au même endroit ça m'a fait pareil que ce que tu disais pour la marijuana. Ça m'a rendue nerveuse.

Il termina son café, le sentit crépiter dans ses membres. Il lui adressa un signe de tête et marcha vers son pick-up. Elle le regarda disparaître après le virage. La visite de Mick ne lui disait rien de bon. Ça puait les ennuis. Elle rentra et appela son fils pour le prévenir.

6

Au bout de quelques kilomètres de bitume, Mick ralentit à hauteur d'un homme qui marchait, puis il se rangea à côté de lui sur le bas-côté. Personne ne faisait du stop dans les collines. Si un homme marchait, cela signifiait qu'il avait besoin qu'on le dépose quelque part car le trajet était trop long pour couper à travers bois. L'homme ouvrit la porte et grimpa dans le pick-up. Il avait quelques années de moins que Mick, portait des bottes, un jean et une chemise de travail boutonnée aux poignets. Il garda la tête tournée vers la fenêtre comme s'il jouait les timides.

— Je suis Mick Hardin.

— J'ai connu des Hardin, dit l'homme. J'ai été à l'école avec une Linda.

— C'est ma sœur.

— Paraît qu'elle est shérif maintenant.

— Ouaip.

— Ça doit être pratique quand on part en vrille.

— Ça se peut, dit Mick. Pas encore testé.

— Tu te gardes un joker ?

— Voilà. C'est bête de gâcher. T'es de quelle famille ?

— Mullins. Bowling de l'autre côté.

— Où tu vas ?

— Un peu plus loin sur la route. Troisième vallon à droite.

Mick hocha la tête. La route suivait une rivière parsemée de déchets accrochés aux branches basses des arbres, déposés là par le dernier gros orage. La plupart des Mullins de sa connaissance vivaient dans les hauteurs des collines les plus reculées. Ce genre d'emplacement indiquait généralement un fort désir de se tenir à l'écart de la ville. Mais il pouvait aussi s'agir de Melungeons descendant des premiers habitants qui peuplaient déjà les collines à l'arrivée de Daniel Boone. Personne ne les appelait plus des Melungeons, même pas eux, mais les familles étaient considérées comme peu recommandables. Mick n'avait jamais trouvé la moindre vérité là-dedans. C'était juste un préjugé comme un autre.

L'homme leva le menton pour désigner le chemin de terre qui entrait dans un vallon et Mick ralentit pour amorcer le virage. La route s'aplanissait au milieu d'un bosquet de peupliers cassés par le vent.

— J'avais jamais vu de vieux peupliers, dit Mick.

— C'est le pire arbre de la forêt. Pas bon à brûler ni pour construire. Ça vaut pas l'effort de les débiter. Les orages les abattent et ensuite on se retrouve à devoir les dégager.

— Les autres arbres doivent bien les aimer. Ou bien les oiseaux.

— Ouais, tout a sa place en ce bas monde si Dieu l'a mis là. Moi, c'est aux tiques que je pense. À quoi elles servent ?

— Ben, dit Mick, y a bien les opossums qui mangent des tiques. Mais je crois pas que ça les nourrisse.

— J'aime bien les opossums, dit Mullins. C'est marrant, comme animal. Ils ont une quéquette qui se divise en deux au bout. Paraît qu'ils baisent madame possum dans le nez et qu'elle éternue les bébés dans sa poche.

Mick hocha la tête. Il adorait cette histoire quand il était petit, et l'aimait toujours même s'il savait qu'elle était fausse. Il ne voulait pas rentrer là-dedans avec Mullins. Les désaccords de ce genre pouvaient mal tourner dans les collines, dégénérer en bagarre ou en fusillade.

Il traversa un lit de rivière mouillé par les dernières pluies, prit un virage qui grimpait dans la colline et arriva à une maison au porche de plain-pied. D'un côté, le toit de tôle était soutenu par un poteau de pacanier. De l'autre, le poteau manquait. À sa place, on avait installé une mule, les quatre jambes attachées à des anneaux de levage vissés au sol. Une chaîne accrochée à la bride l'empêchait de bouger la tête. Sur son dos, une chaise en bois était maintenue à la verticale par une sous-ventrière. Le haut du dossier soutenait l'extrémité du porche.

Mick arrêta le pick-up afin de ne pas effrayer la mule.

— Ben ça alors, dit-il. Jamais vu un truc pareil.

— C'est temporaire.

— Vous utilisez cette chaise comme selle ?

— Non, la mule est arrivée comme ça.

— C'est-à-dire ?

— Ma sœur fréquente un gars qu'est porté sur la boisson. Hier soir il a embouti sa voiture dans le porche et défoncé le poteau. Son père a amené la mule ce matin. La chaise était déjà dessus. Il a dit qu'il amènerait un nouveau poteau plus tard.

— Comment s'appelle cette mule ?

— Jo-Jo.

— Elle vous cause des problèmes ?

— Non, je crois qu'elle préfère ça que travailler. Le seul hic c'est que cette saloperie pisse comme un cheval. Maman a horreur de ça.

Mick gloussa et Mullins se joignit à lui comme s'il voyait la mule pour la première fois. Ils restèrent là à rire comme des adolescents. Mullins ouvrit la portière et descendit.

— Merci de m'avoir déposé, dit-il.

— Cette mule a pas l'air trop à son aise.

— Pas faux.

— Peut-être que tu peux le réparer, ce porche.

— Je suis bûcheron, dit Mullins, pas charpentier.

— T'as des outils ?

— Un marteau et des clous, deux trois tournevis et des clefs, comme tout le monde.

— Un mètre ?

— Nan, il est cassé.

— Tu peux me trouver un bout de corde ? Dans les trois mètres au moins. Et quelque chose pour faire marchepied.

Mullins hocha la tête et partit vers la maison, en restant à bonne distance de la mule. Mick avança jusqu'au porche. Il caressa l'encolure moite de l'animal, provoquant un frémissement dans tout son corps. La chaîne tinta et les muscles de Jo-Jo se contractèrent contre les entraves. Mullins arriva avec un rouleau de corde en coton dans une main. Dans l'autre, il tenait une vieille caisse à lait de Spring Grove Dairy.

— Parle-lui, dit Mick.

— Je dis quoi ?

— Peu importe. Il faut qu'elle reste calme, donc c'est plus la manière qui compte que ce que tu dis. Vois ça comme un cheval pas encore complètement dressé à qui tu dois mettre la bride. Parle doucement et sans t'arrêter.

Mick posa la caisse à côté de la mule et monta dessus.

— Fut un temps, j'avais une carte routière, dit Mullins à la mule. Un grand morceau de papier plié. Des lignes rouges et des lignes bleues et des choses écrites en petit. Ici, c'était pas sur la carte, alors je l'ai jetée. Je me suis dit qu'on s'en fichait de la carte. La terre sait où sont les collines. Le nord c'est l'Ohio, et puis des lacs et le Canada. Quelque part à l'ouest y a Lexington. Toi t'as de la chance, Jo-Jo. T'as pas besoin de carte. Tout ce que tu fais, c'est aller tout droit, faire demi-tour et revenir. Et puis tu recommences.

Mick tint le bout de la corde au niveau du plafond et laissa le reste se dérouler lentement. La mule trembla, ses sabots écrasant les lattes de chêne. Mick savait qu'il était en position délicate mais faisait confiance aux entraves.

— Hé, dit-il doucement. Prends cette corde et tiens-la à l'endroit où elle touche le sol. Ne la tends pas trop. Le coton risque de se détendre et de tout fausser.

— Trop tendu, c'est tendu comment ?

— Tiens-la juste normalement.

Mullins s'accroupit pour suivre ses instructions. Mick descendit de la caisse, ouvrit son canif et coupa la corde au bord du porche.

— Tu veux que je continue à lui parler ? dit Mullins.

— Non. Va prendre ta tronçonneuse.

Mullins se leva, son visage s'éclairant devant la perspective d'une tâche familière. Il partit et revint muni d'une tronçonneuse McCulloch avec un guide de cinquante centimètres, la chaîne luisante.

— Huilée et affûtée, dit-il. Mais y a pas moyen que je découpe cette mule.

— Ravi de l'entendre. On grimpe dans le pick-up.

Ils traversèrent la rivière et reprirent le chemin de terre jusqu'à la rangée de peupliers abattus. Mick inspecta plusieurs arbres avant de se décider pour un spécimen bien droit et pas trop large. Il utilisa la corde pour mesurer la bonne longueur, puis demanda à Mullins de tailler les petites branches et de trancher le tronc bien net de chaque côté. Mullins se mit à l'ouvrage, maniant la tronçonneuse comme si elle ne pesait pas plus qu'un crayon. Il acheva sa besogne, satisfait. Mick revérifia la longueur avec la corde, ils chargèrent l'arbre dénudé sur le plateau du pick-up et retournèrent à la maison. Jo-Jo n'avait pas bougé.

— Tu préfères la McCulloch aux autres tronçonneuses ? dit Mick.

— Jamais eu autre chose. J'ai commencé à utiliser celle-là à cause d'une pub à la radio quand j'étais petit. C'était dans l'émission *Swap Shop*. Tu te souviens ?

— Peut-être, dit Mick. Ça faisait comment ?

Il s'en souvenait bien mais voulait entendre le slogan. Mullins ne se fit pas prier :

Il y a une raison
Pour que tout le monde achète

Chez Monarch Supply
À Morehead…
Une tronçonneuse McCulloch !

La publicité se terminait avec le bruit d'une tronçonneuse qui démarrait, deux puissants rugissements suivis d'un gémissement quand elle mordait une bûche. Mullins l'imita du mieux qu'il pouvait et ils éclatèrent de rire. Un couple d'étourneaux effrayés par ce chant d'humains fila vers un pré devant la maison.

— Allez, au porche, maintenant, dit Mick.

Ils apportèrent l'arbre sur le porche et le positionnèrent derrière la mule, hors de portée d'un coup de sabot. Mick le cala sous la poutre qui soutenait le plafond.

— Y a quelqu'un d'autre chez toi ? dit-il.

— Maman et papa.

— Va leur dire de ne pas venir ici avant un moment.

Mullins s'exécuta et revint. Mick examinait dans le détail la mule harnachée au porche, cherchant à établir un plan d'action. Tous les scénarios comportaient un risque de coup de sabot. Il défit l'attache sous le boulet des jambes avant. La mule se déplaça, écarta les jambes et essaya de lever la tête, mais la chaîne tint bon. Ses sabots arrière bougèrent sur les lattes malmenées, laissant deux nouvelles entailles.

— Tout doux, Jo-Jo, dit-il. Ça sera pas long.

— J'espère qu'elle va pas pisser, dit Mullins. C'est des coups à se noyer dedans.

Mick se déplaça sur le côté du porche et s'accroupit. Une pince en acier fixait la chaîne du harnais à un anneau dans les fondations. Mick se pencha et détacha la chaîne.

La mule secoua violemment la tête et le mordit à l'avant-bras. Il tomba du porche à la renverse et roula sur l'herbe, barbouillant sa chemise de sang. Il se leva et inspecta la plaie. Rien de méchant, mais rien de gentil non plus.

Mullins riait.

— Cette bestiole a été vaccinée ? dit Mick.

— Je sais pas. Elle est pas à moi.

— Il faut que je sache. Elle peut avoir la rage.

Le spectre de la rage stoppa net le rire de Mullins, comme une porte qui claque. Il hocha la tête rapidement.

— Va me trouver du kérosène et du gros scotch, dit Mick.

Mullins alla dans une remise et revint avec un gros bidon sans étiquette à moitié rempli d'un liquide orange. Mick versa du kérosène sur la plaie pour la nettoyer, puis enveloppa son T-shirt autour de son avant-bras et le maintint avec du scotch. Au moins, il n'aurait pas besoin de points de sutures. On lui avait tiré dessus, on l'avait poignardé, il avait eu le nez et les côtes cassés, il lui restait des éclats de shrapnel dans la jambe, mais cette morsure de mule était une première.

Il se tenait au bout du porche à côté des jambes arrière de la bête. Les paturons entravés étaient maintenus au sol par une épaisse lanière de cuir.

— Il me faut un coupe-coupe, dit-il.

Mullins s'éclipsa et revint avec une lame de soixante centimètres.

— Recule, dit Mick. Je ne sais pas trop ce qui va arriver et j'ai pas envie de me battre contre une mule.

Il leva la machette et trancha l'entrave en deux. La mule resta plantée là quelques instants comme si elle ne prenait pas la pleine mesure de sa liberté, puis lança ses jambes en arrière et bondit hors du porche. La chaise bascula de côté et se fracassa contre un arbre. Jo-Jo courut dans le jardin, sauta une clôture et disparut dans les bois. Le toit s'affaissa mais le nouveau poteau de peuplier le maintint en place. Mick fixa le poteau avec des clous de six centimètres, le mieux que Mullins avait à offrir.

— Je te remercie, dit Mullins. Pourquoi t'as fait tout ça ? T'avais de la peine pour Jo-Jo ?

— Vois plutôt les choses comme ça : si cette mule était restée attachée à ton porche trop longtemps, elle n'aurait plus été bonne à rien. Le père aurait mis ça sur le dos du fils. Puis le fils serait revenu ici fâché contre toi. Capable de faire des choses dont personne n'a envie. Tu aurais dû lui faire quelque chose en retour. Puis ma sœur aurait été mêlée à tout ça et quelqu'un se serait retrouvé en taule. Donc, non, c'est pas nécessairement pour Jo-Jo, mais pour le bien de tout le monde.

— T'as pensé à tous ces trucs en voyant la mule ?

— Ouais, voilà.

— Ben dis-donc mon gars, t'en as dans le crâne, toi, hein ?

— Pas assez pour pas me faire mordre.

Mick roula jusqu'à la maison du propriétaire de la mule, surpris de découvrir qu'il vivait dans le vallon d'à côté. Jo-Jo était déjà dans son jardin et Mick décida de rester dans le pick-up. Le voisin était trapu avec des bras puissants, et il boitait. Il avait le certificat de vaccination du véto, ce qui les rassura tous les deux.

Mick quitta le vallon. Un corbeau dans un platane suivait sa progression tel un éclaireur envoyé par les autres oiseaux. La route serpentait dans les bois luxuriants entre l'asclépiade et la carotte sauvage ployant sous la chaleur. À part son bras endolori, c'était une bonne matinée dans les collines.

7

LINDA, assise dans son bureau, attendait que le fax acheté vingt ans plus tôt crache son document, à raison de deux minutes par page. Le téléphone était un appareil à touches à l'ancienne et les ordinateurs étaient si gros et vétustes qu'ils occupaient un tiers de la surface de la table. L'essentiel des équipements du comté provenait du surplus militaire, notamment un camion blindé de vingt tonnes qui avait fissuré le béton du parking à sa livraison. Pour l'heure, il n'avait été utilisé qu'une seule fois, lors d'un gala de bienfaisance où des groupes d'hommes s'etaient essayés à le tirer avec une corde.

Jusqu'à cette semaine, elle avait savouré l'intimité des lieux, la décoration spartiate avec un bureau, des casiers à tiroirs, un drapeau du Kentucky, et un portrait du dernier crétin qui s'était assuré le fauteuil de gouverneur à grand renfort de dessous de table. Tout était bien rangé et organisé. Aucun étalage d'effets personnels. Le bureau avait une porte – ce qui n'était pas rien dans une petite collectivité – qu'elle laissait ouverte la plupart du temps. Elle la fermait le soir, toujours avec un dernier regard affectueux pour la plaque de cuivre avec son nom dessus. Maintenant elle avait un cadavre sur les bras et elle détestait son travail.

Lors de sa première semaine comme shérif, elle avait nommé Johnny Boy Tolliver au poste d'adjoint. En raison d'une longue et violente querelle, les Tolliver étaient partis du mauvais pied cent ans plus tôt, mais sa branche avait fini par être plus ou moins acceptée au bout de la cinquième génération. Johnny Boy pouvait parler à n'importe qui, n'importe quand, de n'importe quel sujet. Une qualité précieuse dans une culture qui se méfiait d'une femme shérif. Le plus surprenant pour elle était la résistance des femmes plus âgées qui ne lui faisaient pas plus confiance que les hommes. Ça n'avait aucun sens, mais ça n'en avait pas plus d'attendre qu'un fax antédiluvien émette des feuilles de papier brillantes comme des pages de magazine.

Johnny Boy rôdait dans les locaux et passait devant sa porte de temps à autre, tel un chien de chasse tenant à lui faire savoir qu'il trépignait d'impatience. Au moins il ne gémissait pas comme un chien, mais il parlait trop pour un humain. Le fax bégaya et cliqueta, puis s'arrêta complètement, une feuille de papier déchiré à moitié sortie, flottant là comme un drapeau de capitulation. Linda jura et cria à Johnny Boy de rappliquer, lequel apparut dans l'encadrement de la porte avec un empressement soudain.

— Qu'est-ce qui se passe ? dit-il. Le fax fait des siennes ? Peut-être que je peux y jeter un œil. Des fois j'arrive à réparer des trucs. Ça pourrait bien être ma journée, aujourd'hui. Une chance que je sois d'humeur à bricoler.

— Je vais aller là-bas direct.

— Tu veux que je reste ici ? (Sa voix était pleine d'espoir.) Répondre au téléphone, tout ça ? Tout peut arriver, tu sais.

— Non, vaut mieux que tu viennes l'entendre aussi.

Elle appela son frère et lui demanda de les rejoindre chez le coroner. Mick grogna et raccrocha. Rien de nouveau sous le soleil, pensa-t-elle, sachant qu'il viendrait. Linda et Johnny Boy roulèrent trois kilomètres jusqu'à un funérarium qui tenait lieu de bureau au coroner du comté. Johnny Boy gardait le silence et elle ne s'en portait pas plus mal. Il n'aimait pas les funérariums. Personne n'aimait vraiment ça, mais son anxiété confinait à la terreur. Il croyait à la première superstition venue.

Ils furent pris dans un embouteillage, ce qui expliquait pourquoi le coroner avait envoyé un fax. Une prolifération de voitures à Morehead ne pouvait qu'être synonyme d'enterrement, à moins qu'on soit samedi matin, jour des tournois de foot des enfants. Le parking hébergeait quelques véhicules agglutinés près de l'entrée, les emplacements réservés à la famille du défunt. Linda se gara et resta dans la voiture. La dernière chose dont les gens avaient besoin, c'était un shérif à la cérémonie. Ça ferait jaser. Son prédécesseur venait souvent en embuscade pour procéder à une arrestation, sachant qu'un enterrement attirait tous les membres d'une famille, même les plus farouches des hors-la-loi planqués dans les bois.

— Qui est mort ? dit-elle.

— Un des garçons Fatkins, dit Johnny Boy.

— Ils sont pas trop jeunes pour ça ?

— On arrive au tour des plus jeunes. Huit enfants et déjà cinq morts. Arrêt cardiaque, à seulement quarante-six ans.

Il laisse derrière lui quatre enfants et six petits-enfants. Il bossait à Lexington, il posait des ponceaux métalliques. Moi je dis que c'est les trois heures de route et huit heures dans la boue qui l'ont tué. Il a fait ça pendant vingt-trois ans. C'est son troisième infarctus, faut dire.

— Tu as un talent pour les chiffres, Johnny Boy.

— Toujours été bon en maths. Et j'aime lire la rubrique nécrologique. Y a toutes sortes d'informations dedans.

— C'est lequel qui est mort ? dit-elle.

— Face.

— Qui donne un nom pareil à ses enfants ?

— Ben, les Fatkins. Tu sais que le reste du pays vit plus longtemps que nous ? Ou alors on meurt plus jeunes.

— Quoi ?

— L'espérance de vie. Partout ailleurs, les gens vivent un peu plus longtemps chaque année. Nous, nos vies raccourcissent. Ça arrive nulle part ailleurs dans le pays. Il y a vingt ans de ça, l'espérance de vie était plus élevée ici.

— Les collines nous tuent à petit feu.

Des gens commencèrent à émerger de la porte à battants dans une lente procession, quelques enfants courant vers les voitures. Deux garçons adolescents émergèrent de l'arrière du bâtiment, sans doute après avoir fumé en douce. La dernière à sortir fut la mère, soutenue de chaque côté par des femmes plus jeunes. Linda regarda les voitures de la famille Fatkins s'éloigner. Le pick-up de Mick surgit sur le parking et se gara à côté d'elle, vitre baissée.

— Quel timing, dit-elle à son frère.

— J'attendais sur la route que ça se termine.

— Le coin avec de l'herbe, là ? dit Johnny Boy. Ouais, c'est un bon coin. On voit tout le champ. Avec des poneys des fois, et des tournesols. Un jour, j'ai vu un nuage plat qui faisait un kilomètre de long, aussi mince qu'une clôture. Comme une bande blanche sur le ciel.

Mick remonta sa vitre et Linda réduisit son adjoint au silence. Ils marchèrent tous les trois sur le goudron qui paraissait refait à neuf, le marquage jaune encore brillant. Le funérarium était large avec un toit pointu en pyramide. Sur la colline derrière se dressait un long bâtiment peint en blanc. Le toit plat arborait un panneau sur toute sa longueur avec écrit MOTEL en lettres de deux mètres de haut. Un fast-food spécialisé dans les fritures jouxtait l'établissement.

— Il est tout neuf, dit Linda à Mick. Notre premier motel.

— Manger, dormir, mourir, dit-il. Tout ça au même endroit, pratique.

— Tu t'es fait quoi au bras ?

— Mordu par une mule.

— Une chance que c'était pas une tortue serpentine, dit Johnny Boy. Elles te lâchent pas tant qu'elles ont pas entendu le tonnerre. Des fois faut attendre l'orage pendant une semaine. C'est du gros scotch, ça ? C'est peut-être pas très hygiénique. Tu veux que je jette un œil ? J'ai suivi un cours de médecine de guerre, à Frankiefort*. J'ai appris tout un tas de trucs.

— Tu peux pas le mettre en veilleuse, lui ? dit Mick.

— Pas vraiment, dit Linda.

* Surnom de la ville de Frankfort, capitale de l'État du Kentucky.

— Hé, dit Johnny Boy. Je sais que vous êtes frère et sœur, mais c'est pas une raison pour parler de moi comme si j'étais ailleurs. Je suis juste là.

— On le saura, dit Linda.

À l'intérieur, ils la suivirent à travers le hall puis le long d'un couloir sur lequel s'ouvrait le salon funéraire désert. Ils passèrent devant un petit bureau où une femme entrait des chiffres dans une antique machine à calculer. Ses cheveux étaient tellement tirés en arrière qu'ils faisaient office de lifting. Johnny Boy s'avança d'un pas furtif puis il agita ses mains avec enthousiasme pour la saluer comme s'il se réjouissait de voir une personne vivante. Ils allèrent au fond du bâtiment et toquèrent à une porte avec un écriteau :

MARQUIS SLEDGE III, DIRECTEUR DU FUNÉRARIUM

Quatre fauteuils rembourrés étaient disposés contre le mur. Les Sledge enterraient les proches de tout le monde depuis cinquante ans, une entreprise fondée lorsque le grand-père était rentré du Vietnam avec des notions de soins mortuaires, une foi chrétienne renouvelée et un désir de servir la communauté. Comme dans toute petite ville, les rumeurs et les ragots allaient bon train sur les croque-morts. En raison de l'engagement de M. Sledge en faveur de la famille et de l'église, les racontars scabreux s'étaient réduits à peau de chagrin. Un seul – que Linda trouvait bizarre – persistait : on racontait qu'il y avait un autre Marquis Sledge, un Afro-Américain qui tenait un funérarium à Memphis.

Le M. Sledge local était mort et son fils avait repris l'affaire, tenant le rôle de coroner du comté pendant trente ans. Lorsque Marquis Junior avait pris sa retraite, son fils s'était porté candidat à sa succession, sans opposition. Sa première mesure avait été de supprimer une forme de publicité que les gens n'aimaient pas : les cartes de félicitations aux jeunes parents. Elles étaient le rappel malvenu que le bébé finirait par mourir un jour et que les Sledge seraient là pour proposer leurs services.

La porte s'ouvrit et Marquis en sortit, vêtu d'un costume délibérément bon marché avec des chaussures noires. L'expression de son visage passa d'une affliction de circonstance à une légère contrition.

— Désolé d'avoir envoyé un fax, dit-il.

— L'appareil nous a lâchés avant que je puisse le lire, dit Linda. J'ai pensé, autant venir ici régler ça tout de suite. Mais je ne veux surtout pas interrompre un enterrement.

— J'ai terminé pour aujourd'hui, dit Marquis. Cette famille Fatkins n'a pas de chance.

— Ils vont finir par demander une ristourne.

— Je leur en ai déjà accordé une.

— Vous connaissez Johnny Boy, dit-elle. Et voici mon frère, Mick.

Marquis adressa un signe de tête aux deux hommes, ayant appris de son père à ne jamais proposer une poignée de main. Personne n'aimait toucher un croque-mort. Mick le surprit en tendant la main. Johnny Boy garda les yeux rivés au sol.

Marquis les emmena dans le couloir où il ouvrit une lourde porte en acier et leur donna des gants en nitrile. Au milieu de la pièce trônait une table métallique à côté d'un plan de travail rempli d'outils spécialisés. Johnny Boy les contempla, déglutit violemment et détourna les yeux.

Marquis déplia un coin de drap pour révéler la tête d'une femme calée sur un bloc de caoutchouc.

— Le décès a été causé par asphyxie, dit-il en désignant le cou décoloré. Il y a présence de cyanose.

— Quand ça vire au bleu, traduisit Linda pour Johnny Boy.

— Exact, dit Marquis. Pas de marque de ligature. Rien qui évoque un étranglement à mains nues.

— Lésions défensives ? dit Mick.

— Aucune. Mais il y a autre chose.

Le froncement de sourcils de Johnny Boy tordait son visage dans une expression d'horreur. Sa respiration n'était plus qu'une succession de halètements. Marquis dévisagea l'adjoint et parla d'une voix ferme.

— Dites, vous ne vomissez pas ici, hein ?

La tête de Johnny Boy s'agita. Linda se demanda s'il allait défaillir. Son jean était trop large pour qu'elle puisse voir s'il avait bloqué ses genoux pour garder l'équilibre. Elle poussa un fauteuil à roulettes vers lui. Il s'assit et posa une petite poubelle sur ses genoux.

— Elle avait eu un rapport sexuel, dit Marquis.

— Viol ? dit Linda.

— Dur à dire. Même consenti, ça peut donner un déchirement de tissus, voire un saignement. Il y a présence de ça. Mais on ne peut pas établir clairement que c'était un rapport forcé.

Johnny Boy vomit dans la poubelle.

— Mince alors, dit Marquis.

— Traces de sperme ? dit Mick.

— Aucune. Pas d'ADN. Les écorchures sur le corps sont toutes *post mortem*. Sans doute dues à la chute dans la colline.

— Elle aurait pu être tuée puis déplacée là-haut ? dit Mick.

— C'est toujours une éventualité, dit Marquis. Mais peu plausible. Les blessures *post mortem* sont intervenues peu après la mort. Le plus probable, à mon avis, est qu'elle soit morte sur la crête, avant, pendant ou après l'acte sexuel.

Johnny Boy eut un haut-le-cœur et Linda poussa le fauteuil dans le couloir. Lorsqu'elle revint, Marquis avait exposé les mains de la femme morte. Mick examinait les ongles, deux cassés, un fendu, les autres intacts.

— Aucune cellule de peau sous les ongles, dit Marquis.

— Peut-être qu'elle connaissait le tueur, dit Linda.

— Autre chose ? dit Marquis. J'ai de la paperasse et du ménage à faire.

— Non. Merci d'avoir pris le temps.

Marquis hocha la tête solennellement et Mick se demanda s'il s'entraînait à faire des têtes sérieuses devant un miroir.

— Une dernière chose, dit Mick. Si vous pouviez garder le volet sexuel pour vous, ça nous rendrait service.

— Je compte tout garder pour moi, dit Marquis.

Mick et Linda sortirent. Dans le parking, ils virent Johnny Boy adossé au véhicule de police, les mains sur le ventre, le visage livide. Linda demanda à son frère de les retrouver au bureau du shérif.

— Non merci, dit Mick. Occupe-toi de Johnny Boy. C'est quoi son problème ? Il a déjà vu des cadavres.

— Il a peur des fantômes. Il croit qu'un funérarium en est rempli.

— Les gens ne meurent pas là-bas.

— C'est ce que je lui ai expliqué. Qu'est-ce que Fuckin' Barney avait à te dire ?

— Il n'était pas chez lui. Sa mère est réglo.

— Qu'est-ce qui est arrivé à ton bras, pour de vrai ?

— Comme j'ai dit, une mule. Histoire sans intérêt. C'était chez les Mullins.

— Quelle branche ?

— Ceux de Little Perry Road, tout en haut d'un vallon.

— C'est des cousins éloignés à nous.

— Je le savais déjà.

— Mon œil, ouais.

— À l'armée j'ai accès à tout un tas d'infos. Un jour j'ai regardé notre arbre généalogique. Un singe m'a chié sur la gueule.

Linda éclata de rire, une éruption spontanée comme l'explosion d'une bombe à eau, qui les aspergea tous deux d'allégresse. Mick sourit à sa sœur de toutes ses dents. Elle ne riait pas assez. Il se rappela les journées entières passées à lui arracher un gloussement lorsqu'ils étaient petits. Elle riait toujours pareil, un éclat soudain. Ça la déridait, mais après elle se durcissait d'autant plus, comme si la vulnérabilité avait un coût inscrit sur une feuille de comptage invisible.

— Comment va Peggy ? dit-elle.

— Reste en dehors de ça.

Mick monta dans son pick-up et s'éloigna. Linda l'observa en se demandant si elle était allée trop loin.

8

JOHNNY Boy était assis dans le véhicule estampillé SHÉRIF, à peu près remis de ses nausées. Entre les cadavres, les fantômes, le croque-mort et le frère dur à cuire de Linda, il avait besoin du réconfort glacé d'un Dr Pepper. Au bureau, un mini-frigo en contenait trois bouteilles. Linda grimpa dans la voiture.

— Tu as entendu tout ce qu'a dit Marquis ? dit-elle.

— Tu veux dire, l'histoire de sexe ?

— Ouais. Qu'est-ce que t'en penses ?

— Je ne peux pas parler de ça.

— Parce que je suis une femme ?

Il hocha la tête et regarda par la fenêtre. Les ombres grises des poteaux délavés d'une clôture lui firent penser à des fantômes. Il se retourna vers le pare-brise et se concentra sur un gros nuage au-dessus de la colline.

— Nous sommes des professionnels du maintien de l'ordre, Johnny Boy. T'as intérêt à pas l'oublier. Si on doit parler d'un homme qui s'est fait arracher la zigounette par un serpent à sonnette, on le fait.

Linda enfonça l'accélérateur et le 4x4 fusa en avant, comme propulsé par une catapulte. Elle sourit à part elle. Johnny Boy ne supportait pas la vitesse quand il ne conduisait pas, sans doute un besoin de garder le contrôle. Il agrippa la poignée au-dessus de la portière. Quatre cents mètres de goudron frais s'étendaient devant eux et Johnny Boy pressa son dos contre le siège, le visage figé dans une grimace. Ils parvinrent aux limites de la ville et roulèrent jusqu'au bureau du shérif. Une voiture qu'elle ne reconnaissait pas était garée dans le parking, une Lexus avec une plaque du comté de Fayette.

— Tu connais cette bagnole ? dit-elle.

— Non.

— C'est cette enflure de Murvil Knox.

— Le magnat du charbon ? Il est tellement imbu de lui-même qu'il serait capable de s'empailler au mur.

— Ouais. Il me déteste.

— Moi c'est sa voiture que je déteste. Une Lexus, c'est rien qu'une Toyota dont la merde ne pue pas.

Ils riaient encore quand ils entrèrent dans les locaux et trouvèrent Knox installé au bureau de Linda, tapotant un message sur son téléphone. Il portait l'uniforme typique du politicien qui cherche à jouer les hommes du peuple lors d'un barbecue de vétérans. Un jeune inconnu était planté à côté de lui, pantalon cargo encore rigide à poches zippées latérales, chaussures tactiques adaptées à la ville, blazer noir. Sa petite ceinture contenait un Glock dans son holster et deux chargeurs de rechange. Johnny Boy fit un demi-pas en arrière, heureux de ne pas être shérif.

— Mon bureau, monsieur Knox, dit Linda. Mon fauteuil.

Sans détacher les yeux du petit écran de son téléphone, Knox leva un doigt pour former le geste universel signifiant "attendez". Il appuya sur ENVOYER, se leva et tendit la main à Linda, un grand sourire étalé sur son visage comme si on l'avait agrafé à sa tête. Il ignora Johnny Boy.

— Content de vous revoir, shérif, dit-il.

Elle hocha la tête et lui serra la main. Habituée depuis longtemps aux manières des hommes, elle maintenait un régime d'exercice quotidien pour renforcer sa poigne. Sans surprise, Knox se mit immédiatement à lui pressurer la main pour démontrer sa virilité. Linda riposta en serrant plus fort, sentant la tension des muscles bandés de son avant-bras. Il relâcha sa main comme un chien qui roule sur le dos pour montrer son ventre et elle sut qu'il lui en voudrait toute sa vie.

— Monsieur Knox, dit-elle. Avez-vous un crime à signaler ?

— Oh non, dit-il avec un bref rire forcé. Je tenais à vous présenter personnellement votre nouvelle recrue. L'agent spécial Wilson, du FBI, va vous assister dans l'enquête sur l'homicide.

— Je ne crois pas avoir demandé de l'aide.

— C'est un petit cadeau que je fais au comté.

— Je suis très bien avec mon adjoint.

— Vous me feriez une faveur en acceptant Wilson.

— Je ne suis pas une politicienne, monsieur Knox. Je ne fais pas dans le trafic d'influence.

— On m'a dit que vous étiez une maligne. N'empêche, vous avez une élection en vue et quelques amis ne vous feraient pas de mal.

— Des amis comme Wilson ?

— Des amis comme moi.

Linda attendit, sachant que Knox allait combler le silence. En moyenne, les hommes tendaient à interrompre une femme au bout de huit secondes. Si une femme ne parlait pas, la plupart des hommes ne tenaient pas quatre secondes, à en croire des sociologues armés de financements publics et d'un chronomètre.

— Être indépendant, dit Knox, c'est bien. C'est nécessaire dans les forces de l'ordre. Je le comprends. Vous devez garder à l'esprit que nous avons le même objectif. Faire du comté un endroit sûr pour les citoyens qui respectent la loi.

— Quelles sont les qualifications de monsieur Wilson ?

— Service militaire. Major de promo à l'académie du FBI. Six mois d'expérience au Pentagone. Et il est du coin.

— Je n'ai ni bureau ni véhicule pour lui.

— Ce type de difficultés budgétaires est le genre de choses pour lesquelles un ami comme moi peut vous aider à l'avenir. Il n'a pas besoin de bureau, n'est-ce pas, Wilson ?

— Non, monsieur, dit-il. Un coin de table m'ira très bien. Je travaillais dans un placard à balais à Washington.

— Il est flexible, dit Knox.

— On n'a pas de placard à balais, dit Linda. Mais je vois l'idée. Il y avait beaucoup de meurtres au Pentagone ?

— Non, madame, dit Wilson.

— Ce sera son premier, dit Knox. Tous les hommes doivent bien commencer quelque part. Et les femmes aussi. Si elles ont les épaules.

Il lui lança un regard appuyé et quitta le bureau avec l'air d'un homme pressé, un homme d'influence, un homme tellement submergé de travail qu'il ne pouvait voir le soleil qu'à midi. Linda écouta la porte s'ouvrir et se fermer. Les pas suffisants de Knox se poursuivirent sur le parking.

Wilson avait l'air d'avoir vingt ans, mais il devait en avoir plus si Knox disait vrai. Les hommes comme lui mentaient comme des chiens sans pattes. Elle employa les techniques de respiration lente censées la calmer, sans grande réussite. Elle contourna son bureau et dévisagea Wilson, espérant qu'il s'en aille si elle gardait le silence assez longtemps.

— Tu viens d'où ? dit Johnny Boy.

— Comté d'Haldeman, dit Wilson.

— J'ai joué au football contre vous au lycée. Leopards, hein ?

— Non, j'étais à Breck.

Johnny Boy jeta un regard à Linda, son visage se fermant abruptement comme un vallon envahi de vigne vierge. Elle désigna la porte d'un signe de tête et Johnny Boy sortit aussitôt.

— Pour que les choses soient claires, je n'ai pas demandé cette mission.

— Qu'est-ce que Knox a à voir là-dedans ?

— Un contact local, m'a-t-on dit.

— Vous lui rendez des comptes ?

Son silence tendu signifiait oui, de même que le rougissement qui teintait peu à peu son cou et remontait sur son visage. Il lui rappelait les poussins colorés vendus à l'épicerie pour Pâques. Ils mouraient tous à la fin du mois, empoisonnés par le colorant.

— Vous êtes mon premier agent du FBI, dit-elle. Qu'est-ce que vous voulez ?

— Votre rapport circonstancié.

Elle ouvrit un casier et en retira un dossier. Il le prit comme s'il manipulait un œuf rare.

— Il s'appelle revient, dit-elle.

— Où est-ce que je dois le lire ?

— Comme vous voulez, mais ne quittez pas le bâtiment et ne faites pas de copie. J'éviterais le bureau de mon adjoint. Il a l'air de vous avoir pris en grippe. Pourquoi ?

— Mon lycée n'avait pas d'équipe de football. Trop petit.

Elle hocha la tête en pensant que les hommes ne renonçaient jamais à leur obsession puérile pour le sport. Dans la ville de Morehead, des hommes grisonnants se retrouvaient au magasin de spiritueux pour boire des bières et ressasser leurs glorieux exploits de lycéens. Chaque fois qu'un client rentrait, ils tournaient la tête en tandem, espérant que ce soit quelqu'un qui se souviendrait d'eux.

9

Le soleil du matin se hissa au-dessus de la colline et le long de la crête, signe pour les oiseaux d'entonner leur chant territorial. Mick n'avait ni migraine, ni nausée, ni fatigue dans les membres. Il roula sur le côté pour se rendormir, mais une fois tiré du sommeil, il resta ainsi, la conscience en éveil. Il pensa à Peggy et essaya de la chasser de son esprit en sortant de la cabane pour enlever la boue de ses bottes avec un couteau. Il pensa aux bâtons qu'il utilisait enfant pour racler la terre de ses Converse. Tout ce qu'il avait gagné en trente ans, c'était de meilleures chaussures et un outil plus efficace pour les nettoyer.

Il s'habilla et monta dans le pick-up pour quitter la crête. Une fois sur le bitume, il prit vers l'ouest. Avant de mourir, Nonnie Johnson vivait avec sa belle-sœur en haut d'un vallon qui suivait une rivière et se rétrécissait au fil de la route. Un pont de chêne enjambait le cours d'eau, le bois délavé par les éléments. Au-delà, la route s'arrêtait sur une pelouse bien entretenue. Il se rangea à côté de deux voitures et d'un 4x4 Ford F-150 dernier cri. Un chien accourut en aboyant depuis la maison, signalant un intrus à ses occupants et enjoignant à Mick de rester dans le pick-up. Il baissa sa vitre et attendit.

La porte moustiquaire s'ouvrit et un homme en sortit muni d'un pistolet calibre 38 à canon long, l'arme légèrement dirigée vers le sol. Un bref mouvement du poignet suffirait à mettre Mick en joue.

— Mes condoléances pour ce qui est arrivé, dit Mick. Je suis le fils de Jimmy Hardin, Mick.

L'homme baissa encore son pistolet et avança vers le pick-up, son regard farouche ne quittant jamais le visage de Mick.

— Je vous ai jamais vu dans ce vallon avant, dit l'homme.

— J'étais pas dans les parages. Armée.

— Irak ?

Mick hocha la tête.

— Le désert est aussi chaud qu'on le dit ?

— Ouais, dit Mick. C'est comme être en enfer avec le dos en compote.

— Vous avez raccroché ?

— Je suis en permission. Ma sœur m'a demandé de monter ici. Elle est shérif.

— Qu'est-ce qu'elle veut ?

— Eh bien, dans une affaire comme celle-ci, quelqu'un doit parler à la famille.

— C'est déjà fait.

— Ces enfoirés de la police d'État font tourner ma sœur en bourrique. Si vous me parlez pas, ils vont émettre un mandat pour que vous veniez au poste en ville.

L'homme cracha une bonne dose de jus de chique dans la terre. Une mouche fondit dessus comme si elle attendait son goûter. Déçue par le tabac, elle quitta les lieux. Mick ouvrit sa portière.

— Je ne suis pas armé, dit-il. T'as pas besoin de ce pistolet.

— C'est pas pour vous, dit l'homme. Celui qui a tué Nonnie peut revenir à tout moment.

— C'est pas faux.

À présent qu'il était sorti du pick-up, s'emparer du pistolet lui prendrait deux secondes maximum.

— Nonnie était ta tante ? dit Mick avec douceur.

— Comment vous savez ?

— J'ai dit ça au hasard. Tu penses que je pourrais parler à ta mère une minute ?

L'homme tint l'arme à sa hanche avec désinvolture, comme s'il portait un sac de voyage, et l'invita vers la maison d'un signe de tête. Mick grimpa les marches. Elles étaient neuves, peintes en gris. La porte moustiquaire était neuve, elle aussi. Quelqu'un prenait soin des lieux.

La pièce principale contenait un vieux canapé aux accoudoirs larges et plats, le brocard usé jusqu'à la corde, trois fauteuils, et une télévision. Une photo d'un Jésus blond aux yeux bleus était accrochée au mur, toute seule. Un autre mur constituait un grand tableau de famille – des photos d'école des enfants et des portraits en noir et blanc de gens sérieux en habits du dimanche. Une étroite volée de marches conduisait à l'étage. L'homme prit le couloir vers une pièce du fond où Mick entendait des voix en sourdine.

Une femme émergea de la cuisine, la quarantaine charpentée, vêtue d'une robe ample et de pantoufles, ses longs cheveux attachés en arrière avec une barrette.

— Vous avez faim ? dit-elle. Les garçons m'ont fini tous les œufs mais il y a des petits pains si ça vous tente.

— Non, merci, madame Johnson, dit Mick.

— Appelez-moi Lee Ann, dit-elle. Alors comme ça, vous êtes un Hardin ?

Mick acquiesça.

— Je connais votre famille. (Elle hocha la tête pour confirmer la qualité de l'ascendance de Mick.) Asseyez-vous une minute.

Chaque fauteuil était usé à sa manière avec des entailles au niveau de l'appuie-tête à différentes hauteurs. Il s'installa dans le canapé, présumant qu'il était pour les invités. Lee Ann lui apporta une tasse de café.

— Merci, dit-il. Désolé pour votre sœur.

— Elle est avec Jésus maintenant.

Mick souffla sur le café fumant, sachant qu'il se brûlerait la langue s'il buvait tout de suite. Les voix dans le fond montèrent d'intensité, aussi insistantes que des représentants de commerce.

— Je me demande si vous pourriez me dire quelque chose, dit Mick. Peut-être quelque chose que vous n'aimeriez pas raconter à un étranger.

— Comme quoi ?

— Comme qui pourrait en vouloir à Nonnie, par exemple. Des ennuis que son fils aurait eus avec quelqu'un, ou peut-être vos fils à vous.

— Je ne crois pas, non.

— Et au travail ? dit Mick.

— Elle était caissière au Dollar General. Il y a pas beaucoup d'ennuis à s'attirer là-bas.

— Peut-être un problème avec le patron ou un collègue.

— Non, tous ses collègues l'appréciaient. Elle parlait à tout le monde.

— Est-ce que Nonnie fréquentait quelqu'un ? Je veux dire, est-ce qu'elle avait un soupirant ou quelque chose comme ça ?

La femme tira sur sa manche, tapota l'accoudoir de son fauteuil et regarda le sol.

— Non, dit-elle d'une voix ferme. Personne.

Les voix dans le fond s'élevèrent de nouveau, se chevauchant comme dans une dispute ou un débat. Mick but une gorgée de café, aspirant de l'air pour le refroidir. Le regard de la femme passa de lui au portrait de Jésus, et Mick se dit qu'elle avait des années d'entraînement au silence.

La porte s'ouvrit au bout du couloir, laissant entendre la fin d'une conversation.

— Y a pas d'autre choix, dit un homme.

— Y a que toi pour le faire, dit un autre.

La porte se ferma et trois hommes entre vingt et trente ans entrèrent dans la pièce, dont de vrais jumeaux. Mick se leva.

— Je suis Mick, dit-il.

— Je suis Wade, dit l'aîné. Voici mes frères, Noel et Joel.

— J'en ai rencontré un, dit Mick avec un grand sourire. Je saurais pas dire lequel.

— Je n'arrivais pas à savoir qui était qui jusqu'à leurs cinq ans, dit Wade.

— Moi oui, dit Lee Ann. L'épi de Joel est un centimètre plus loin que celui de Noel.

— Tu dis toujours ça, maman, dit un des jumeaux.

Mick hocha la tête et but une gorgée de café.

— Si ça ne vous pose pas de problème, dit-il, est-ce que je pourrais parler au fils de Nonnie ?

— Frankie est dans un sale état, dit Wade. Il quitte presque jamais son lit.

— On peut pas lui en vouloir, dit Mick. Ça semble assez normal.

— Non, dit un des jumeaux. Il était déjà mal. Ça fait un ou deux ans qu'il a pas le moral.

— C'est pour ça qu'il vivait ici ? dit Mick.

Les frères échangèrent un regard, fronçant les sourcils. Wade fit un pas en avant, sa voix soudain plus dure.

— Quelqu'un a dit quelque chose sur Frankie ? dit-il.

— Non, dit Mick. C'est dans ma famille. Mon oncle appelait ça son “plus fort que moi”. Parfois il ne faisait rien pendant des mois. Il ne quittait pas la maison. Ne se lavait pas, ne mangeait rien.

— Perdre sa mère, ça a fauché Frankie comme une mauvaise herbe, dit Wade.

— J'aimerais quand même lui parler.

Mick regarda chaque homme rapidement, puis arrêta ses yeux sur la femme. Le dernier mot viendrait d'elle.

— Ça pourrait lui faire du bien, dit-il.

— Bah, dit-elle. En tout cas, ça lui fera pas de mal.

Wade fit un pas de côté et Mick emprunta le couloir, les frères à sa suite. Il toqua à la porte et entra. La pièce était petite avec une armoire à l'ancienne au lieu d'une penderie encastrée. Sur le lit, un jeune homme recroquevillé à la manière d'un enfant se cachait le visage. Il portait un caleçon long et un T-shirt. Un patchwork lui couvrait les pieds.

— Frankie, dit Wade. Cet homme veut te voir. Maman dit que c'est bon.

Frankie ne bougea pas et ne dit rien. Des rideaux couvraient une fenêtre à l'exception d'une fente verticale qui laissait entrer un rai de lumière. Un cardinal chanta dehors, joyeux comme de juste.

— Frankie, dit Mick. J'essaie de comprendre ce qui est arrivé à ta mère.

— Fichez le camp, dit Frankie.

— Je veux t'aider.

— Laissez-moi tranquille.

Frankie rabattit le patchwork jusqu'à sa tête. Mick quitta la pièce, remercia Lee Ann, adressa un signe de tête à chacun des hommes et s'en alla. Dehors, Wade l'attendait devant le pick-up.

— Il a déjà pris des médicaments ? dit Mick.

— Ça coûte un bras.

— Et parler à quelqu'un ? Une sorte de thérapeute, peut-être ?

— Il quitte même pas son lit pour manger, alors aller en ville… Et ces gens-là, ils font pas les visites à domicile.

— Y a encore des gens qui en font ?

— Vous, dit Wade.

Mick fixa son regard sur Wade, désormais en mode interrogatoire à cent pour cent, sa vigilance tendue comme un filet pour saisir la moindre nuance.

— Tu sais qui aurait pu faire du mal à ta tante ?

Wade jeta un regard nerveux au jardin, puis à la maison.

— Ben, dit-il, c'était pas un des nôtres.

— Quelqu'un d'autre alors ?

— Je ne sais pas pourquoi vous pensez que je pourrais le savoir.

Mick hocha la tête. Wade n'avait pas répondu à la question. Ça et son regard fuyant communiquaient beaucoup de choses. Lee Ann avait fait pareil lorsqu'il lui avait demandé si Nonnie avait un homme dans sa vie.

— OK, dit Mick. Je sais que c'est dur pour vous. À plus.

Il s'éloigna du vallon et roula vers la ville. Les mensonges de la famille signifiaient une chose : ils savaient qui était le tueur et voulaient leur propre vengeance. Aux abords de la ville, il s'arrêta et prit son téléphone dans la boîte à gants. Il y avait trois appels en absence de son commandant en Allemagne, le dernier assorti d'un message vocal. Il l'ignora, préférant ne pas entendre le ton sec du colonel Whitaker lui rappeler qu'il avait dépassé la durée de son congé exceptionnel. Il appela sa sœur.

— C'est moi, dit-il. Il faut que je te mette au jus. Je viens pas à ton bureau.

— La prison, ça t'irait ?

— C'est pas ce que je préfère.

— Va falloir te faire une raison. On a un homme coffré pour le meurtre de Nonnie.

— C'est toi qui l'as inculpé ?

— Oui et non. Il est inculpé, mais ce n'était pas nous. C'est le FBI qui l'a ramené. Il y a un truc qui cloche dans toute cette affaire.

— OK. Donne-moi quelques minutes pour manger.

— Une demi-heure, dit Linda avant de raccrocher.

Il roula jusqu'à une station-service avec un panneau annonçant CORN DOG LE MERCREDI*. Mick mangea une

* *Corn-dog* : saucisse enrobée de pâte à frire et plantée sur un bâtonnet.

conserve de saucisses de Vienne avec des crackers, l'en-cas qui lui avait le plus manqué à l'étranger, et il but une bouteille d'Ale-8. C'était le seul soda *made in Kentucky*, arrivé sur le marché après Coca, Pepsi et Dr Pepper. Le retard de la marque lui avait donné son nom : "*A Late One*" – abrégé en "*Ale-8-One*". Il acheta une deuxième bouteille et un Twinkie et prit la route de la prison.

10

La prison était fermée, les murs de pierre plus sinistres qu'à l'ordinaire dans le parking vide. Mick appela Linda qui l'informa du nouvel emplacement de la prison, là où se trouvait autrefois un hangar à tabac. Il arriva avant elle. Une Mercury entra dans le parking, un modèle dont la production avait cessé, bon marché dans les collines parce que les pièces étaient rares. Elle n'avait pas de pare-chocs. Un couple âgé sortit de la voiture, la femme portant un sac de courses, l'homme appuyé sur une canne taillée à la main. Ils passèrent devant Mick tête baissée, honteux d'être vus en train de rendre visite à un proche.

Linda gara son 4x4 et le rejoignit. Son uniforme était impeccable et il se demanda si elle en avait plusieurs, ou bien si elle repassait le même tous les soirs.

— Pourquoi ils avaient besoin d'une nouvelle prison ? dit-il.

— Drogue, surtout. Meth et Oxy. Héroïne récemment.

— Héroïne ?

— Ouais. Elle vient de Detroit.

— Quand est-ce qu'elle a ouvert ?

— Il y a quelques mois. On a eu droit à tous les politiciens de Frankiefort pour couper le ruban. Ils ont dit que c'était la plus jolie prison jamais construite.

— L'ancienne était surpeuplée ?

— Oh ouais. Les cellules étaient doublées la plupart du temps. Le week-end, il pouvait y avoir quatre hommes par turne. Les uns sur les autres.

— Alors pourquoi la fermer ? Ils auraient pu l'utiliser pour les ivrognes.

— L'argent, dit Linda.

— Elle coûte trop cher à faire tourner ?

— Non, ils l'ont vendue pour trois millions de dollars. L'université va ouvrir une antenne ici.

Mick hocha la tête. C'était bien le genre de l'État d'accueillir des étudiants dans un bâtiment sans fenêtres, sans extérieur et sans toilettes séparées. L'objectif était d'offrir des études à des anciens détenus, mais il ne voyait pas qui pourrait avoir envie de suivre des cours à l'endroit où il avait été incarcéré.

— Pourquoi est-ce que les fédéraux sont sur ton affaire ? dit-il.

— Je sais pas. C'est un seul mec, assigné temporairement. Johnny Boy ne peut déjà pas le blairer.

— Tu as qui en cellule ?

— Tanner Curtis.

— L'Adopté ?

Elle hocha la tête.

Pendant douze ans les parents de Tanner avaient essayé d'avoir un enfant, puis ils l'avaient adopté auprès d'une agence de Lexington. Son arrivée avait été signalée par les journaux comme la première adoption de l'histoire du comté. Timide et discret, Tanner était apprécié personnellement mais n'avait jamais été accepté. Dans une culture qui élevait la famille de sang au-dessus de tout, la communauté n'avait jamais fait confiance à Tanner. Partout dans le comté on l'appelait “L'Adopté”.

— Au téléphone, reprit Mick, tu disais que quelque chose clochait.

— Le FBI a passé moins de deux jours ici avant de le coffrer. Le seul type dont tout le monde se fiche dans le comté.

— Que dit Tanner ?

— Rien. Pas un mot. C'est pour ça que je veux que tu lui parles.

— OK. Mais seul.

— Je dois être là, sinon ce n'est pas officiel.

— C'est toute l'idée, dit Mick.

— Comment ça ?

— Tout ce que je trouve, je te le dis. Ensuite tu peux enchaîner. T'en fais pas, je vais le plier comme une pince à cheveux.

— Je n'aime pas ça.

Une traînée d'avion apparut au-dessus de la colline la plus proche, découpant une ligne blanche dans le bleu. C'était trop loin pour qu'on entende le bruit. Mick se demanda si les animaux la remarquaient, si les oiseaux étaient sur leurs gardes. Le bout de la traînée commença à se désintégrer en une vapeur déchiquetée qui flotta vers le vert luxuriant de la cime des arbres.

— Et puis merde, dit-elle. OK.

— À la bonne heure, frangine.

Ils pénétrèrent dans la prison et passèrent le scanner corporel de la sécurité. Un gardien les conduisit dans une salle d'interrogatoire où Linda décocha à Mick un ultime regard réprobateur. Il entra dans la salle et ferma la porte. La pièce était la même dans tous les établissements, conçue pour intimider le suspect : petite et confinée, une table vissée au sol, un anneau dans la table pour les menottes, et deux chaises. Bien que toute neuve, elle sentait déjà la sueur.

Tanner avait entre vingt-cinq et trente ans. Sa coupe de cheveux imitait un style vu à la télé – court et dégradé sur le côté avec plus de longueur sur le dessus. Sa chemise était rentrée et sa ceinture brillante. Mick reconnut dans cet accoutrement les habitudes d'un fils unique adoré. Ses traits étaient marqués et photogéniques – la mâchoire forte, de grands yeux et les pommettes hautes. Ses mains étaient menottées.

Mick s'assit et lui offrit l'Ale-8 et les en-cas. Tanner tendit la main puis hésita comme un chiot craignant une correction pour avoir violé des règles dont il ignorait l'existence.

— C'est bon, dit Mick. J'ai déjà mangé.

Mick quitta la pièce et trouva sa sœur devant une retransmission en direct de l'interrogatoire. Un appareil séparé enregistrait la bande audio qui pourrait servir au tribunal. À contrecœur, elle demanda à un gardien de défaire les menottes de Tanner. Mick revint à sa place et regarda Tanner finir le Twinkie, puis boire la moitié du soda. Il attendit que le sucre et la caféine fassent effet : Tanner se redressa légèrement, ses yeux s'écarquillèrent.

— Je suis pas flic, dit Mick. Rien de ce que tu me racontes ne va nulle part.

D'un geste lent et étudié, il appuya sur un bouton de la console audio pour interrompre l'enregistrement. Il se pencha en arrière et plaça ses mains derrière sa tête, dans une posture ouverte.

— Un détail rigolo sur les Twinkies, dit Mick. Ils durent plus longtemps que n'importe quel autre aliment. Dans le Maine, ils en ont trouvé un qui avait quarante-cinq ans.

— Dans son emballage ? dit Tanner.

— Non, c'est ce que je croyais aussi. Il était juste là, sorti. Ils savent pas quoi en faire.

Tanner lécha la crème sur ses doigts.

— Tu sais pourquoi ils t'ont coffré, hein ? dit Mick. Ça sent pas bon.

Tanner fronça les sourcils puis il jeta un regard à la caméra montée au mur.

— C'est pour te protéger, dit Mick. Pour empêcher les flics de déraper. T'inquiète, je suis pas comme ça.

Tanner paraissait inquiet et méfiant, deux réactions naturelles à l'incarcération. Son visage n'affichait aucune expression de défi et ses membres étaient détendus, pas croisés en position de défense. Mick attendit, à l'affût d'un tic nerveux ou d'un geste de la main. Rien chez Tanner ne trahissait un tueur, ce qui signifiait qu'il pouvait être sociopathe ou innocent. Ou les deux. Ses yeux brillaient d'une intelligence enfouie, un trait que partageait Mick. Les gens des collines apprenaient tôt à ne pas montrer à quel point ils étaient futés.

— Tanner, dit-il. Ne pas parler laisse croire que tu es coupable. Ça donne l'impression que tu caches quelque chose. Les flics pensent que c'est un meurtre. La plupart des gens, dans ta situation, commencent par nier en bloc. Ou bien ils avouent parce qu'ils se sentent mal. Mais ne pas parler, c'est pire.

Tanner se tourna vers la caméra montée au mur et secoua la tête. Mick se leva et déboutonna sa chemise, révélant un T-shirt. Il le souleva pour montrer qu'il ne portait pas de micro puis s'approcha de la caméra. Fixant l'objectif, sachant que sa sœur regardait, il retira sa chemise et la lança pour masquer la caméra. Il revint s'asseoir et laissa Tanner réfléchir deux minutes à cette offre de confidentialité. Juste assez pour qu'il imprime ce que cela signifiait avant que la paranoïa prenne le pas et qu'il commence à se demander si c'était un piège. Tanner leva la main pour imiter une conversation au téléphone.

— Pas de portable, dit Mick. Je n'aime pas ça.

Le visage de Tanner passa à un air de mépris incrédule. Mick se leva et vida ses poches – rien d'autre que son portefeuille et l'addition du déjeuner.

— Je le laisse dans le pick-up, dit Mick. Les gens se fâchent si tu réponds pas et encore plus si tu rappelles pas. Et puis y a des convenances sur les appels et les textos qui m'échappent complètement.

— Vous l'avez jamais sur vous ? dit Tanner.

— Si, pour le travail. Mon chef m'obligeait, mais je travaille plus, là.

— C'était quoi votre travail ?

— Armée.

— Vous avez raccroché ?

— Oui et non. Techniquement, je suis en abandon de poste depuis six jours. Je te remercierais de garder ça pour toi.

Mick détourna brusquement les yeux comme s'il craignait d'en avoir trop dit. La tension initiale était retombée. Mick avait révélé des informations personnelles pour établir un contact. Maintenant ils étaient deux hommes occupant le même espace restreint, pas égaux, mais moins éloignés qu'au début. À cause des panneaux acoustiques qui amplifiaient les sons, Mick adopta une voix grave et posée.

— Il y a trois jours, une femme a été tuée à Choctaw. Le FBI dit que c'est toi qui as fait le coup. Ces gars-là ne plaisantent pas. Moi, je peux t'aider.

— Pourquoi ?

— En réalité c'est plutôt ma sœur que j'aide, au final. Elle est shérif. Elle n'aime pas voir les fédéraux lui piquer son affaire. Tu connaissais Nonnie Johnson ?

— Je savais qui c'était. J'étais à l'école avec des gens de sa famille.

— Tu étais du côté de Choctaw l'autre soir ?

— Non.

— Normalement, c'est là que tu me dis où t'étais.

— Je peux pas. Je dirai rien.

— OK, dit Mick. Alors dis-moi pourquoi tu peux pas. Je suis sûr qu'il y a une bonne raison.

— Y en a une.

— Tu es célibataire, pas vrai ?

Tanner hocha la tête, avec un plissement des yeux que Mick interpréta comme une méfiance accrue. La question avait touché un point sensible.

— Voilà le topo, dit-il. En vrai, je m'en fous. Mais les femmes mariées n'aiment pas que leur mari sache qu'elles les trompent. C'est ça que tu faisais ? Tu prenais du bon temps avec la femme d'un autre ? La seule chose dont tu dois t'inquiéter, c'est qu'elle soit mariée à l'homme que tu as devant toi. Mais ma femme… elle est possiblement enceinte d'un autre gus en ce moment. Alors je pense que t'es hors de cause.

— Quoi ?

— J'ai dit, ma femme est…

— J'ai entendu. Pourquoi vous me dites ça ?

— Tu veux la vérité ?

Tanner hocha la tête.

— Pour que tu me fasses confiance, dit Mick.

— C'est pour ça que vous m'avez donné à manger ?

— En partie. Aussi parce que je sais à quoi ressemble la bouffe en taule. Dégueu et trop salée.

Un long silence s'ensuivit pendant lequel Tanner regarda dans le vide et fit une série de grimaces à mesure qu'il réfléchissait. Deux fois il commença une phrase mais s'interrompit comme si une corde invisible lui rabattait les mâchoires. Il secoua la tête. Il gigota et fit craquer ses articulations. Lorsqu'il soupira et se pencha en avant, Mick sut qu'il s'était décidé à parler.

Cinq minutes plus tard Mick quittait la salle d'interrogatoire. Linda le retrouva dans le couloir. Elle n'était pas dans tous ses états, mais presque. Ses épaules étaient si tendues que son uniforme avait l'air rembourré.

— Du nouveau ? dit-elle.

— Ouais.

— Ça a intérêt à valoir le coup. Le gardien me colle aux fesses comme un missile téléguidé.

— Charmant.

— Fais pas le malin. T'es là-dedans tout seul, sans micro. Le gardien, il monte sur ses grands chevaux avec son nouvel établissement et son protocole. La façon qu'il a de le dire, ça a achevé de me mettre hors de moi : pro-to-cole, comme un gamin qui vient d'apprendre un nouveau mot.

— Sortons d'ici, dit Mick. J'ai des tas de trucs à te raconter. Et pas dans ton bureau.

— Pas moyen que je monte chez Papaw.

— Chez toi, alors.

Il s'éloigna avant qu'elle puisse discuter, l'entendit crier son nom d'un ton exaspéré. Dehors, il monta dans son pick-up et prit la route.

11

LINDA habitait la maison où elle avait grandi, héritée de sa mère quelques années plus tôt. Elle était au milieu de la ville, au bout de l'impasse formée par Lyons Avenue. Mick se gara dans la rue et attendit. Enfant, il allait dans cette maison de temps en temps mais il avait toujours ressenti une certaine rancœur émanant de sa mère, comme une fièvre en sourdine. N'ayant pas de frères et seulement des oncles par alliance, elle considérait les hommes comme des créatures mystérieuses, bruyantes et chahuteuses. Mick avait confirmé tous ses a priori. Elle avait tout misé sur Linda dans l'espoir qu'elle rejette les traditions familiales, trouve un bon parti et déménage à Lexington. Sa sœur avait déjoué chacune de ses attentes, décevant sa mère jusqu'à l'envoyer prématurément dans la tombe.

Linda engagea le 4x4 dans l'allée et s'arrêta avant d'arriver à l'auvent maigrichon. Le véhicule était trop large pour pouvoir en sortir facilement. Après avoir contourné des poubelles, trois râteaux rouillés et une brouette avec un pneu à plat, elle ouvrit la porte moustiquaire en aluminium et déverrouilla la porte en bois de la cuisine. Mick lui emboîta le pas. Ils étaient toujours entrés dans la maison de cette façon. L'avant était réservé au pasteur, aux invités formels et aux enfants pour Halloween.

La cuisine avait gardé ses placards d'origine – du pin noueux avec de longues charnières effilées. Les plans de travail étaient en formica, blancs avec des motifs imbriqués de petits boomerangs jaune pâle. Le vieux lino couvrait toujours le sol, usé sur le parcours évier-cuisinière-réfrigérateur. Un clou soutenait un calendrier vieux de cinq ans par-dessus d'autres calendriers plus anciens, une habitude de leur mère. Avec l'âge elle avait développé une obsession pour le temps – la maison comptait neuf pendules, onze calendriers et trois minuteurs. Devant chaque fenêtre il y avait un thermomètre, signe de son autre idée fixe. Mick se souvenait de conversations téléphoniques où elle s'interrompait régulièrement pour raconter un changement de temps et de température. Il se retenait de lui faire remarquer l'évidence – quelle différence cela faisait-il pour une femme qui n'avait pas quitté la maison depuis quatre ans ?

Il suivit Linda dans la pièce principale. Une gigantesque télé connectée dominait l'espace. Le reste était dans son jus – un canapé miteux, un fauteuil, des tables d'appoint encombrantes, et des lampes moches et démesurées. Mick se revoyait faire rouler une petite voiture le long du périmètre du tapis. Il était bordé d'une frange blanche à l'origine mais leur mère l'avait coupée.

— C'est sympa ce que t'as fait ici, dit-il en s'affalant au bout du canapé.

— Je me disais que j'allais me marier et que je vendrais, ou que mon mari aurait des meubles. Des fois j'ai l'impression de n'avoir aucun sens de la déco.

— Bien sûr que si. Celui de maman.

Ils rirent ensemble, les années s'effaçant. Ils auraient pu être des enfants gloussant d'une blague qu'eux seuls pouvaient comprendre.

— Elle passait son temps à critiquer la déco des autres. "Ils n'ont de goût que dans la bouche." Je l'ai entendue dire ça un millier de fois.

— Surtout ceux qui avaient des trucs dehors – des flamants roses, des tournesols en plastique, des nains de jardin.

— Mais les décorations de fête, ça passait. Je ne les ai pas jetées. Onze boîtes pour Noël, cinq pour Pâques, et douze pour tout le reste. Le Jour du drapeau, Thanksgiving, le 4 Juillet.

— Et le Jour de la marmotte ?

— Toi et tes animaux. Comment ça va, ta morsure de mule ?

— Il faut que je change le pansement, mais ça va.

Un silence se glissa entre eux, rompu par le tintement des nombreuses pendules. Mick se demanda à quoi sa vie aurait pu ressembler si son père était resté en vie, s'il avait grandi ici. Il aurait sans doute fini vendeur de voitures d'occasion ou gérant de supermarché, aigri sur toute la ligne – son métier, la ville, sa femme et son ambition contrariée de prendre le large. Finalement, il était quand même plein de ressentiment.

— OK, dit-elle. C'est quoi l'histoire de l'Adopté ?

— Il est innocent.

— Il te l'a dit ?

— Il a un alibi. Mais il refuse de parler et moi aussi. Je te le dirai seulement si ça reste entre nous.

— C'est pas ce que j'avais en tête.

— Tu m'as donné carte blanche.

— Son alibi est légal ?

— Oui. Pas de souci de ce côté-là.

— Tu peux le vérifier ?

— Sans doute. Ça sera un peu de boulot.

Elle alla dans la cuisine, versa de l'eau du robinet dans deux verres et les rapporta. Celui de Mick était dépoli avec un motif de l'État du Kentucky et ses principaux sites touristiques. Les seuls à se trouver dans les collines étaient Carter Caves et les gorges de la Big Sandy River.

— OK, dit Linda. Ça reste entre nous, je n'en parlerai à personne. Parole.

— La nuit de la mort de Nonnie, Tanner était à Lexington dans un bar gay.

— Non, tu déconnes.

— Il est parti tôt du travail, il est rentré chez lui, et il a pris une douche. Il s'est changé et il a roulé jusque là-bas. Il a poireauté deux heures dehors avant d'avoir le cran d'entrer. Il est resté une heure et demie. Il est parti et il est allé chez Arby's, puis à une station-service. Il est rentré vers minuit.

— Tu le crois ? Pas moi. Y a rien de gay chez lui.

— Il n'était pas sûr mais il croyait l'être. Il a essayé Grindr deux fois. La première fois, le mec ne s'est pas pointé. La deuxième, il a roulé jusqu'à Flemingsburg et il s'est fait dépouiller. C'était il y a un an. Samedi dernier il est allé à Lexington.

— Alors, il a été fixé ?

— Pas exactement. Pas à cent pour cent en tout cas. Et c'est pour ça que je le crois. Pendant tout ce temps, il s'est senti comme un étranger. C'était des gens de Lexington. Des vrais urbains. Il n'était pas à sa place et il le savait. Il a rencontré trois hommes et ils l'ont snobé. Il dit qu'il s'est jamais senti aussi mal. Il est rentré déprimé.

Mick but la moitié de son verre d'eau.

— Ici à Morehead, reprit-il, Tanner ne peut pas se permettre qu'on sache qui il est. Là-bas, il était exclu parce qu'il est d'ici. Comme alibi, c'est trop personnel pour être inventé. Trop douloureux à admettre. Moi, je le crois.

— Peut-être que c'était pas samedi soir.

— J'y ai pensé. Il a payé l'essence et chez Arby's par carte. Facile à vérifier. Mais c'est à peu près tout ce qu'on peut vérifier. Pas de caméra au bar. Le personnel refuse de parler des clients. Si tu penses que le mur bleu* des flics est solide, attends de te prendre le mur queer. Plus d'enjeux.

— Putain. Putain de bordel à queue de rat d'égout.

Mick hocha la tête, parcourant de nouveau la pièce du regard. Les lourds rideaux de sa mère descendaient jusqu'au sol, surmontés par une épaisse cantonnière qui masquait l'armature et la tringle. La pièce lui avait toujours semblé petite, encombrée de tissu.

— Comment t'as obtenu tout ça ? dit Linda.

— Le b.a.-ba de l'interrogatoire. À boire et à manger, puis des secrets à moi. T'as fouillé chez lui ?

* Le “blue wall of silence” est un terme utilisé aux États-Unis pour désigner le code tacite imposant aux policiers de couvrir leurs collègues.

— Oui, que dalle. Il a une petite table juste derrière la porte avec six magazines. Sur le dessus, *Playboy*, ensuite *Maxim*. Même quelques vieux *Penthouse* au fond. J'ai trouvé ça bizarre. Maintenant je trouve ça triste à mourir.

— Ça pourrait être pire, dit Mick. Au moins il vit pas avec les pendules de sa mère.

— Ha-ha, très drôle. J'ai enlevé le coucou de la pendule à coucou. La porte s'ouvre et rien n'en sort.

— L'histoire de ma vie.

Elle rit et il se sentit content de lui, comme lorsqu'il lui racontait des blagues à la vieille cabane quand ils étaient petits. Les vieux ne savaient pas comment parler à une fille, seulement lui offrir des choses. Mick se dit qu'il avait appris ça, lui aussi. Il avait épousé Peggy en partie parce qu'elle n'avait jamais demandé grand-chose. Résultat, il lui avait tout donné.

— J'ai parlé à la famille de Nonnie, dit-il. Ils en savent plus que ce qu'ils veulent bien admettre.

— Genre quoi ?

— Nonnie fricotait avec un homme.

— Ils ont pas dit qui ?

— Ils ont même pas confirmé.

— Mais toi tu le penses.

— C'était écrit sur leurs têtes. Stratégie classique d'obstruction et d'évitement. Aucun démenti direct. Je pense qu'ils savent qui l'a tuée. Ils essaient de convaincre son fils de régler le problème.

— Frankie ? Il serait incapable de tuer un serpent.

— Je pense qu'il souffre de dépression clinique. Je le verrais plutôt se coller une balle que descendre quelqu'un.

— On fait quoi de tout ça ?

— Tu dis que c'est le vieux M. Tucker qu'a trouvé le corps ?

— Ouais, en cherchant du ginseng.

— J'irai le voir ensuite.

— Et Fuckin' Barney dans tout ça ?

— Peut-être que c'est lui qu'a fait le coup, et que c'est pour ça qu'il se cache.

Linda se leva et fit les cent pas en rond, une habitude de son enfance quand elle était frustrée. Mick savait qu'elle allait ensuite redresser quelque chose qui était de travers, ce qu'elle seule voyait. Sans surprise, elle ajusta les rideaux, produisant un nuage de poussière qui flotta jusqu'au sol.

— J'imagine qu'il faut libérer Tanner. Ça va foutre le mec du FBI en rogne.

— Ça te pose un problème ?

— Pas vraiment mais peut-être que ça devrait. Cette enflure de Murvil Knox veut me filer de l'argent pour l'élection.

— Tu vas te présenter ?

— Je sais pas. J'aime bien le poste.

Mick hocha la tête, en se demandant comment ils avaient tous les deux fini dans les forces de l'ordre. Ils étaient les premiers dans la famille. Peut-être un désir d'ordre après leur enfance fragmentée.

— Jolie télé, dit Mick. Tu as changé autre chose ?

— J'ai enlevé les photos du couloir. J'ai toujours trouvé ça bizarre, qu'elle mette les photos de famille au seul endroit de la maison qui reçoit pas de lumière.

Mick se leva et jeta un œil dans le couloir. Malgré la pénombre, il distingua une série de marques pâles là où les photos avaient été accrochées pendant des années. Le papier peint avait jauni autour. C'était comme observer une galerie de fantômes.

Il traversa la cuisine jusqu'à la porte latérale. Linda le suivit.

— Je dois te dire une chose, dit-elle.

Mick hocha la tête, présumant qu'il s'agissait de Peggy.

— J'ai reçu un appel. Le type disait être adjudant de garnison, ou un truc du genre.

— C'est l'assistant du commandant.

— Il voulait savoir si je t'avais vu. Je lui ai dit que tu étais en Allemagne. Que t'avais pas mis les pieds ici depuis l'hiver.

— Bien, dit-il.

— Tu as des ennuis ?

— Pas encore.

— Je ne te vois pas commettre un crime.

— Mon congé est fini. Ça constitue un abandon de poste.

— C'est parce que tu m'aides ?

— Non. C'est Peggy, pas toi.

Il s'en alla et Linda emporta son verre vide dans la cuisine. Son frère avait toujours été secret, mais jamais avec la famille. Sa réticence au sujet de Peggy la préoccupait. Linda ne voyait qu'une seule raison pour laquelle il était bouleversé et vivait à la cabane. Elle n'avait pas envie de penser aux conséquences pour leur mariage.

12

La voiture puait les frites rances. Des marques de graisse maculaient le tableau de bord et le volant était huileux. Depuis midi, Vernon et son associé étaient garés sur une bande de terre au fond d'une colline, la voiture dissimulée par une rangée de pins. Ils avaient inspecté deux autres maisons pour confirmer que leur cible n'était pas dans sa famille. Et ils se retrouvaient maintenant en pleine cambrousse. Vernon n'aimait pas ça. C'était un homme de la ville. Il aimait les réverbères, les panneaux lumineux et le bitume. Les gaz d'échappement valaient mieux que les relents de terre qui s'engouffraient par la fenêtre. Il était mal équipé avec ses mocassins en cuir et ses chaussettes transparentes. Il était en manque de conversation.

Avant ça, Vernon avait fait équipe avec un homme qui parlait de manière compulsive et débitait ses opinions sur les femmes, les armes, le sport, les télés, les voitures, les films et les vêtements. Ses déclarations péremptoires changeaient rapidement, se contredisaient d'une minute à l'autre, chacune exprimée avec la même passion que la précédente. Vernon n'avait jamais besoin de parler. Son ancien associé avait passé neuf heures d'autoroute à évoquer les mérites respectifs d'Arby's, McDonalds, Burger King, Taco Bell et KFC. En gros, le type débattait avec lui-même, présentait les qualités et les défauts des uns et des autres jusqu'à conclure au match nul entre les cinq. Vernon avait acquiescé d'un grognement. Deux minutes plus tard le type avait poussé un juron : il avait complètement oublié Chipotle !

Son nouvel associé, Freddie, parlait peu, communiquait à coups de mots laconiques comme “clopes”, “pisser” ou “bouffe”. Il faisait tourner un canif entre ses doigts comme un bâton de majorette. Vernon se demanda tout à coup si son silence signifiait qu'il pouvait craquer à tout instant et le saigner comme un porc dans son siège. Ce qui l'amena à spéculer sur le côté de la voiture qui était le plus sûr. Être assis au volant offrait davantage de protection. À tout le moins, Freddie aurait besoin d'un coup de lame plus précis. Vernon avait résolu de se pencher en avant, quasiment courbé sur le volant. Il avait mal aux reins. Pire, il commençait à se sentir ridicule. Il avait froid, il s'ennuyait et par-dessus le marché il se coltinait un compagnon silencieux.

— Qu'est-ce qu'on sait sur ce mec ? dit-il.

Freddie regarda par la fenêtre pendant plusieurs minutes.

— Ivrogne, finit-il par dire.

— Il vit pas avec sa femme. Ça peut signifier quelque chose.

Freddie haussa les épaules. Super, pensa Vernon.

Dehors, ils entendirent un violent froissement de feuilles. La main de Vernon se porta d'instinct à son pistolet. Il réfléchit à ce qu'il savait sur les ours – ne pas tirer dans la tête, la balle risque de rebondir. Courir en descente parce que les ours en sont incapables. Si on est acculé, grimper sur un arbre trop fragile pour l'ours. Mais comment savoir quel arbre peut supporter un ours ? Le bruit augmenta à mesure que l'ours approchait. Vernon envisagea de remonter la vitre, puis décida qu'il valait mieux la laisser ouverte pour tirer. Freddie s'agita à côté de lui, le regard braqué dehors, canif dans une main, pistolet dans l'autre. Le son était tout près, un fracas épouvantable comme une série de détonations à mesure que l'animal avançait vers eux. Vernon dégaina son arme, son cœur battant la chamade, ses yeux scrutant les arbres. Un écureuil détala dans les feuilles mortes du tapis forestier avant de bondir sur un pacanier. Le bruit cessa. Les deux hommes rangèrent leurs armes.

— Bon, écoute, dit Vernon. Le dernier type avec qui j'ai bossé, il l'ouvrait non-stop. Ça me rendait fou mais au moins ça passait le temps. Toi et moi, faut qu'on se parle. Ça rime à rien de flipper à cause d'un écureuil.

— Ce type, dit Freddie. Un grand maigre, mais mollasson ? Qui se faisait appeler Cool Dick ?

— Ouais.

— Il est mort.

— Sur un coup ?

— J'ai entendu que c'était à cause d'une femme. Le seul gars avec qui j'ai bossé avant toi, c'était lui.

— Pareil, dit Vernon. Ils devaient le mettre avec les taiseux. Pas bête. Mais maintenant on fait équipe. Faut qu'on parle. J'entends des ours, moi, ici.

— Il t'a fait sa tirade sur les fast-foods ?
— Pendant des plombes, mec.
— Pareil, dit Freddie. Y a un truc qui m'est resté.
— C'était quoi ?
— On n'entend jamais parler de fast-food italien.
— Fazoli.
— Italien, oui. Rapide, non. Faut attendre.
— C'est quoi la limite qui définit un fast-food ? Deux minutes ? Trois ?
— C'est quand y a un drive.
— Pas faux.

Vernon s'écarta du volant, content de voir que son nouvel associé n'avait aucune intention de le saigner. Ce métier alimentait la paranoïa, une sorte de dommage collatéral émotionnel qu'il valait mieux accepter et ignorer. Il observa le chemin de terre, espérant que la cible se montre avant la tombée du jour. Les bois lui faisaient peur la nuit. C'était sans doute pour ça que tant de films parlaient de trucs flippants dans les bois – sorcières, maisons hantées, fantômes, monstres.

— T'aimes les films ? dit-il.

Freddie haussa les épaules.

— Moi oui, dit Vernon. Mes préférés, c'est les films d'aliens.
— Genre *E.T.* ?
— Non, mec. Genre ceux qui attaquent les vaisseaux spatiaux. T'es plutôt quel style, toi ?
— Les comédies romantiques.
— Tu te fous de moi.
— Les femmes aiment bien. Si t'essaies d'aimer la même chose que les femmes, tu te tapes plus de femmes.

Vernon regretta d'avoir abordé le sujet. Au moins, avec Cool Dick, il aurait eu une conversation normale sur les films. Il essaya de trouver autre chose.

13

MICK quitta la maison de sa sœur et prit vers l'est. Le soleil était posé sur la colline comme pour une sieste, teintant de flammes la cime des arbres à l'ouest. Il suivit le bitume qui s'enfonçait dans les collines avant de tourner sur un chemin de terre et de grimper une pente abrupte qui tenait plus d'une rigole de pluie que d'une route. Il prit un virage serré vers une crête qui s'achevait sur une maison entourée d'épais fourrés. Il y avait davantage de soleil ici et il eut un bref élan d'empathie pour les gens qui vivaient dans les vallons où il faisait déjà nuit.

Il attendit dans le pick-up, à l'affût de chiens éventuels. Les gens qui n'avaient pas l'habitude de voir des visiteurs dans un véhicule inconnu étaient capables d'accueillir les étrangers avec une arme. Il s'approcha encore et fit rugir le moteur au cas où le vieux serait dur de la feuille. Au primaire, le concierge ne parlait pas beaucoup mais il était toujours présent, ravivait le grand poêle avec du charbon l'hiver, nettoyait une salle de classe par jour, réparait n'importe quel problème de plomberie. Il était gentil et n'élevait jamais la voix, et Mick présumait qu'il n'avait pas changé. Il avait remarqué que les hommes s'adoucissaient avec l'âge, tandis que les femmes tendaient à se durcir.

Un cardinal mâle poussa son cri pour attirer l'attention tandis que la femelle couleur rouille fondait en rase-mottes sur un fourré de ronces. Elle cherchait à emmener Mick sur une fausse piste en l'éloignant de son nid. La porte moustiquaire s'ouvrit et le concierge s'avança sur le porche. Mick fut surpris de voir à quel point il était petit, moins d'un mètre soixante. Il se tenait de biais au bord du porche avec une main hors de vue derrière son corps. Mick comprit qu'il était armé. Il baissa la vitre et pencha la tête dehors.

— Le bonjour, monsieur Tucker. Je vous ai connu à l'école. Je suis Mick Hardin. Vous avez une minute pour parler ?

— T'as pas un petit qui te ressemble beaucoup ?

— Je suis ce petit.

— Jimmy est ton père ?

— Ouais, et mon grand-père était Homer Jack.

— Alors d'accord.

Tucker hocha la tête et Mick descendit du pick-up. Il avança jusqu'aux marches en chêne et s'arrêta. La brise charriait l'odeur du sassafras et Mick pensa à son grand-père qui en mâchait les brindilles comme des bonbons. Les feuilles étaient douces comme du daim.

— Je suis là pour parler de cette femme, à Choctaw.

— T'es flic ? dit Tucker.

— Non.

— Famille de la morte ?

— Non.

— Y a pas d'autre raison que tu sois là.
— Ma sœur est shérif.
— On m'a parlé d'elle, dit Tucker. T'es pas dans l'armée, toi ?
— Irak et Afghanistan. Syrie jusqu'au retrait.
— Infanterie ?
— Au début. Aéroportée ensuite. CID maintenant.
— Tu comptes rempiler ?
— Peut-être.
— J'y ai pensé moi-même.
— Vous étiez sous les armes ?
— Corée. 108e aéroportée.
— Sale guerre.
— Elles le sont toutes si on est dedans. Viens t'asseoir sur le porche.

Mick grimpa les marches et s'installa dans un fauteuil en osier avec des trous dans le dossier. Le coussin était doux comme un chat. Tucker opta pour un fauteuil à bascule mais ne se balança pas. Ses yeux n'étaient pas de la même couleur et Mick se souvint de ses copains qui parlaient de ça à l'école. Quelqu'un avait dit qu'il était moitié chèvre moitié humain.

— C'est pas une visite officielle, dit Mick. J'aide ma sœur, c'est tout. Elle dit que c'est vous qu'avez trouvé le corps.
— On aurait dit une Turner.
— Elle l'était. Mariée à un Johnson.
— De la branche de Lower Lick Fork Creek qui est partie en ville ?
— Peut-être, dit Mick. Je connais pas l'histoire de la famille.

Le vent tomba et une colombe roucoula au loin, le son voyageant entre les arbres. La maison était située sur une avancée de terre au bout de la crête, aussi isolée que la cabane de son grand-père, mais dans un plus joli coin. L'herbe s'arrêtait au flanc de la colline, bordée par une rangée d'iris et de forsythias. Deux chênes ombrageaient le jardin de devant et laissaient le soleil d'hiver atteindre le porche.

— Vous vous souvenez à quelle heure vous l'avez trouvée ? dit Mick. J'essaie de savoir quand elle est morte.

— Je cherchais du ginseng.

— Mmh-mmh.

Le vieil homme le dévisageait comme s'il attendait que Mick poursuive.

— Vous n'aviez pas de montre sur vous ? dit Mick.

— Je cherchais du ginseng.

— Oui, monsieur. Je comprends.

— Il pousse sur les versants est. À l'ombre et au frais.

Tucker hocha la tête. Son visage était dans l'expectative, et Mick se rappela qu'il était taciturne au point d'en être mystérieux à l'école. Puis il comprit ce que voulait dire le vieil homme.

— Vous étiez là tôt, pour bien voir les plants.

— Une demi-heure après l'aube. Plus tôt, il fait trop noir. Le soleil doit être assez haut sur la colline pour toucher le bas du versant. Si tu attends trop longtemps, tu fais plus la différence avec l'ombre.

Tucker était de la génération du grand-père de Mick, avec toutes les contradictions complexes de la vieille culture des collines. Franc mais sur la retenue. Honnête mais peu loquace. Méfiant mais avenant.

— Je venais souvent vous voir à la chaufferie de l'école, dit Mick.

— T'étais pas le seul.

— C'était tranquille là-bas.

— Il faisait chaud, surtout. Vous veniez les jours de froid à la pause déjeuner.

— Vous m'avez appris à tailler un redresseur de ceinture.

Le vieil homme hocha la tête, ses yeux esquissant un sourire qui ne parvint jamais à sa bouche.

— Comment est ta ceinture ? dit-il.

— Redressée.

— Faut pas que la ceinture rebique comme une cosse de fève.

— Non monsieur, dit Mick. C'est foutrement moche.

— Ma femme est dans la maison.

— Pardon, monsieur Tucker. J'arrête de jurer. Vous avez vu quelqu'un d'autre à Choctaw ?

— Non.

— Entendu une voiture ?

— Non.

— Si c'est votre coin, j'imagine que vous passez voir le ginseng régulièrement.

Tucker le fixa. Le temps et l'âge avaient relâché la peau au-dessus de ses orbites, masquant partiellement les iris. Pour atténuer toute impression de menace, Mick concentra son œil gauche sur le droit de Tucker. C'était une technique d'interrogatoire et il avait été surpris de voir à quel point elle fonctionnait. Si le sujet devenait confus ou anxieux, il déplaçait son regard – œil gauche sur œil gauche –, ce qui fonctionnait comme une sorte de remise à zéro. Tucker ne cachait rien, mais attendait une question, signe d'un homme intelligent et patient.

— Vous avez déjà vu quelqu'un d'autre à Choctaw ? dit Mick.

— Ouaip.

— Vous savez qui c'était ?

— Ouaip.

— Auriez-vous l'obligeance de me le dire ?

— Cette femme et un gars plus jeune.

— Vous le connaissiez ?

— J'ai vu que son dos.

— Vous vous souvenez à quoi il ressemblait ?

— Cheveux noirs. Chemise de flanelle. Salopette.

— Quelle taille ?

— Peux pas dire. Je regardais vers le bas de la pente.

Mick hocha la tête et perdit son regard dans les bois. Un écureuil caqueta dans un arbre, menaçant un geai bleu qui campa sur ses positions. L'écureuil s'éloigna d'un bond et l'oiseau revint à ses occupations.

— Il fait quoi, cet écureuil, à votre avis ? dit Mick.

— Il cherche des glands.

— Lui et l'oiseau, ils se disputent à cause des glands ?

— Ils sont là tous les jours, dit Tucker. J'ai essayé d'apprivoiser l'un ou l'autre. Rien à faire. L'écureuil est trop bête pour ça. Et le geai trop malin.

Un froissement se fit entendre dans la maison, puis un bruit étouffé et une toux. Tucker se leva.

— Ma femme, dit-il. Elle est souffrante.

— Merci de m'avoir accordé du temps.

Mick se leva et marcha jusqu'au pick-up. Il leva la main en signe d'adieu et s'éloigna de la colline en se demandant où se situaient les chiens et les chats dans la philosophie animale de Tucker. Les chiens étaient loyaux et les chats opiniâtres. Mick se dit qu'il était un peu des deux. Sinon il n'y avait aucune raison qu'il reste au Kentucky et compromette sa carrière.

14

La voiture de Vernon était plongée dans le noir complet. Pas d'éclairage, pas de panneau lumineux, pas de lampadaire ou de néon criard l'invitant à entrer dans un bar. Qu'est-ce que les gens d'ici pouvaient bien foutre la nuit ? Dormir ? Le son d'un véhicule arriva sur la route, détonant dans le silence. Il vit un vieux pick-up bringuebaler devant lui, vers le haut de la colline. La nuit était trop sombre pour pouvoir comparer le visage du conducteur à la photo, mais le pick-up correspondait à la description et qui d'autre que la cible aurait pu traîner dans les parages ?

Vernon attendit cinq minutes, puis il remonta la route, phares éteints. Au sommet de la colline, il s'arrêta.

— C'est sans doute un coriace, dit-il. Entraînement militaire, tout ça.

— Ces mecs valent que dalle sans quelqu'un pour leur donner des ordres. Je m'occupe de la porte de derrière.

— Je veux la porte de derrière. Je m'ennuie.

— Je l'ai dit en premier.

— Tu veux la jouer à pierre feuille ciseaux ?

— Va te faire foutre, dit Freddie. Éteins-moi cette lampe.

Freddie quitta la voiture. Vernon utilisa le canon de son pistolet pour fracasser le plafonnier de la voiture. Des éclats de plastique rouge tombèrent sur le tableau de bord. Il retira partiellement la clef du contact, juste assez pour que l'alarme ne sonne pas, un truc qu'il avait appris des années auparavant en vue d'une fuite express. Il abandonna le véhicule et laissa la porte ouverte. Arme au poing, il marcha sur le bas-côté, restant dans l'obscurité profonde, ignorant que le bruit de ses pas et sa démarche en canard de citadin trahissaient sa position.

Mick avait vu la voiture cachée derrière les pins et se demandait si c'était son commandant qui l'avait envoyée. C'était une démarche insolite, mais le colonel avait tendance à jouer selon ses propres règles. C'était une des raisons pour lesquelles Mick aimait travailler pour lui. Dépêcher des hommes pour le ramener à la base et éviter une accusation en désertion était une bonne idée. Qui que soient ces hommes-là, ils étaient incapables de composer avec l'obscurité des bois et faisaient autant de raffut que des enfants. Deux hommes signifiaient que chacun couvrirait une porte.

Mick alla à leur voiture et retira la clef. Il décrivit une large boucle autour de la maison, s'écarta de la crête, descendit une pente, puis la remonta pour approcher l'arrière de la cabane. Furtif et silencieux, il progressa jusqu'à voir l'homme qui passait la tête par la porte de derrière. Cet abruti utilisait son téléphone comme lampe torche. L'autre main tenait un pistolet 9 mm. Mick s'avança. Il respirait par le nez pour éviter d'entendre le son de sa respiration dans la chambre d'écho miniature de sa bouche. Rien n'existait, ni les bois, ni la cabane, ni lui-même. L'homme était le point de mire. Mick retint sa respiration en arrivant juste derrière lui.

— Hé, dit-il.

Surpris, l'homme sursauta et pivota. Mick lui projeta son avant-bras au visage, le heurtant à la tempe avec son coude. L'homme tomba en arrière comme si on lui avait scié les chevilles. Mick le rattrapa dans ses deux bras et le déposa au sol. Il lui prit son téléphone, son pistolet, son portefeuille et son canif. Avec des gestes rapides, il découpa plusieurs lianes de vigne vierge sur le mur de la maison et lui lia les pieds et les mains. Puis il lui coupa un pan de chemise, le lui fourra dans la bouche et assura le tout avec d'autres lianes. Si l'homme était allergique, tant pis pour lui, il n'avait qu'à pas venir dans les bois.

L'intrus à la porte de devant avait dû entendre le bruit et Mick tendit l'oreille pendant trois minutes, percevant la stridulation persistante des cigales, une chouette rayée qui revendiquait son territoire et le croassement nuptial d'un engoulevent. Il pénétra dans les bois et fit le tour de la maison. Tapi dans l'ombre épaisse du vieux fumoir, il regarda un homme avec une veste en cuir essayer de se cacher derrière un chêne. La demi-lune éclairait suffisamment la nuit pour dessiner sur l'herbe la silhouette noire de l'arbre avec celle d'un homme à sa base. Ces types étaient des amateurs de la ville, des petits durs à peine sortis de l'œuf à qui Dieu n'avait pas donné plus de jugeote qu'à une oie. Mick aurait pu les terrasser avec un lance-pierre.

Il lança un caillou sur la fenêtre de la cabane. L'homme se baissa, une réaction qui amusa Mick. Pourquoi se baisser quand on est caché derrière un arbre ? L'homme appuya sur un bouton de son téléphone, faisant vibrer la poche de Mick. Celui-ci attendit qu'il tombe sur le répondeur, puis sortit le téléphone, rappela et commença à marcher vers lui. L'homme s'empressa de décrocher, murmurant "Allô ?". Juste derrière lui, Mick dit : "Coucou." L'homme tourna la tête et Mick le heurta à la tempe avec le canon de son arme. L'homme cligna deux fois des yeux et fit un pas en avant. Mick le frappa encore et l'homme s'affaissa.

Mick le désarma et rentra chercher une corde. Il lia les poignets de l'homme, puis le ligota solidement au chêne. Il traîna le premier devant la cabane, coupa les lianes et l'attacha de la même manière que le second. Ils étaient en position assise, dos à l'arbre comme si le chêne avait poussé entre leurs corps. Deux de leurs jambes étaient liées ensemble, leurs cuisses, genoux et chevilles se touchant. Mick leur passa une dernière corde sous la gorge, tendue mais pas trop. Si l'un des deux bougeait, ils sentiraient tous les deux la coupure sur leur trachée.

À l'intérieur il but deux verres d'eau, en sueur à cause de l'adrénaline et de l'effort physique. Muni d'une lampe torche, il s'assit sur les marches grises du porche, examinant le contenu de leurs poches. Des permis de conduire de Detroit. Une carte de crédit chacun. Quatre cent soixante dollars à eux deux. Une photo de lui, un vieux cliché tiré d'un site web de l'armée. Son visage était plus émacié. Le col de sa chemise était de travers, révélant une marque de bronzage bien nette. Il était tout feu tout flamme lors de sa première mission, moins pour sa deuxième à cause du gaspillage de ressources et d'effectifs. Trop de camarades morts. Trop de traîtres parmi leurs contacts locaux. Son transfert à la police militaire avait ravivé son enthousiasme, encore renforcé par sa promotion au CID.

Un des prisonniers gigota. Mick apporta de l'eau de la citerne dans une louche à fond plat et la leur versa sur la tête. Il se pencha et les gifla tour à tour au visage. Les deux hommes postillonnèrent, clignant des yeux à cause de l'eau d'abord puis de la lumière crue de la lampe. Ils prirent lentement conscience de leurs entraves. Mick observa le sentiment d'échec les envahir, suivi par la frustration et la colère.

— C'est un bain d'insectes, dit-il. Le tonneau se remplit de bestioles. Mortes, donc elles ne mordront pas. Là-dessus, vous êtes tranquilles.

— Va te faire foutre, dit le type de la porte de derrière.

— Toi, tu es Frederick Clarence Trudeck, dit Mick. Je parie qu'on t'appelait Trouduc à l'école. Ça t'a endurci, hein ? À quel point ? C'est ce qu'on va voir.

Mick braqua la lampe sur l'autre homme.

— Et toi, tu es Vernon V. Armstrong Junior. Ne me dis pas que le V, c'est pour Vernon.

— Victor, dit Vernon.

— J'ai connu des Armstrong à l'époque. T'as de la famille par ici ?

Vernon haussa les épaules.

— Tu dois être de cette branche qui est partie au nord pour bosser dans les usines automobiles. On dirait que ça n'a pas marché pour toi. Dommage. Ça vaut sans doute mieux de pointer que d'être ici, attaché à un arbre comme un chien.

— Qu'est-ce que tu veux ? dit Vernon.

— Nous y voilà, dit Mick. La grande question. Mais vu que c'est vous qui êtes ligotés, c'est moi qui pose les questions. Alors dis-moi, Vernon, qu'est-ce que tu veux, toi ?

De la rivière leur parvenait la cacophonie des petites grenouilles, qui furent temporairement réduites au silence par le croassement sonore d'une grenouille-taureau. Une tranche de Voie lactée formait comme une écume au-dessus de la cime des arbres.

— OK, dit Mick. Personne ne parle. Vous êtes durs comme des noix. Voilà ce que je sais : quelqu'un vous envoie. Ce que je sais pas, c'est qui et pourquoi. Vous pouvez me le dire, ou bien vous pouvez dormir ici et on reprendra demain à zéro.

Aucun des deux ne parla. Mick se leva et marcha vers eux.

— OK, va pour le dodo ici. Je dois vous attacher plus serré mais je suis à court de corde. On va faire ça avec des tendeurs. Ça risque un peu de vous couper la circulation. Vous en faites pas, je suis un lève-tôt. Vos jambes auront pas la gangrène.

Il éteignit la lampe et parla dans le noir.

— L'atrophie des membres ne sera pas vraiment un problème parce qu'on a des pumas dans le coin. Comme les femelles sont en chaleur, les mâles leur courent après. Vous savez comment c'est. Ils peuvent pas s'en empêcher. Ils vous trouveront avant que les tendeurs vous fassent de sérieux dégâts.

Il monta les marches et entra dans la maison, veillant à bien faire claquer la porte moustiquaire. Il sourit à part lui. Les pumas évitaient les humains, sauf au mois d'août quand ils suivaient le lit des rivières asséchées jusqu'aux vallons pour trouver de l'eau. Ces deux crétins de Detroit n'en auraient aucune idée. Il les entendit chuchoter dans le jardin et paria avec lui-même qu'ils mettraient moins de deux minutes à réagir. Un des hommes l'appela au bout de quarante-cinq secondes.

— On va parler, dit-il. Mais faudra nous laisser partir.

— Négatif, dit Mick.

Il entendit une autre conversation étouffée.

— Qu'est-ce que tu veux savoir ? cria l'homme.

Mick sortit, alluma la lampe et la braqua sur eux. Il prit une bûche de chêne sur la pile de bois. Les couteaux faisaient plus peur aux gens que les armes à feu, mais le gourdin restait le plus menaçant. Il se dit que ce devait être un vestige d'instinct primitif, une peur néandertalienne. La torche enflammée était l'arme la plus terrifiante, mais ça prendrait trop de temps.

— Qui vous envoie ? dit-il.

— Charley Flowers, dit Vernon.

— C'est qui ?

— Notre patron.

Mick frappa Freddie au tibia avec la bûche. Celui-ci poussa un glapissement et chercha à se mettre hors de portée, mais il fut retenu par les cordes attachées à Vernon. Encore une chose que Mick avait apprise dans le désert : la décharge de l'impact circulait jusqu'à la jambe de l'autre et il imaginait cette douleur comme la sienne. Freddie cessa de gigoter et Mick le frappa de nouveau, plus fort.

— Charley Flowers, dit Mick.

— Il fait passer de l'héro de Detroit dans les collines, dit Vernon.

— C'est quoi le rapport avec moi ?

Vernon garda le silence et Mick frappa de nouveau Freddie, plus près du genou.

— Mais putain, mec. J'ai rien dit.

— Justement.

Mick lui tapota doucement le genou deux fois, puis prit de l'élan pour frapper plus fort.

— Attends, dit Freddie. Fais pas ça.

— Parle-moi.

— Fuckin' Barney est l'homme de main de Charley ici. Tous les quinze jours, il retrouve un chauffeur sur une aire de repos de l'I-64 et récupère la came.

— Quelle aire ?

— La plus près de Morehead.

— Pourquoi il vous envoie après moi ?

— Charley a entendu dire que tu cherchais Fuckin' Barney. Il savait pas qui t'étais, si tu roulais pour la DEA* ou si t'étais un nouveau venu sur le marché. Il nous a envoyés en avoir le cœur net.

— Et ensuite ?

— Si t'étais un fédéral, on était censés rentrer chez nous.

— Et sinon ?

— On devait te dire de laisser Fuckin' Barney tranquille.

— Autre chose ?

— C'est tout.

— C'est jamais tout, dit Mick. Comment vous avez entendu parler de cet endroit ?

— Par Charley.

* Drug Enforcement Agency, agence chargée de la répression de la drogue.

L'air se rafraîchit brusquement et les bruits de la nuit cessèrent. Mick pensa qu'un orage approchait – un vent soudain, puis des éclairs et la pluie. Une bonne nuit pour boire du bourbon sous le chêne et écouter un millier de gouttes d'eau fouetter un millier de feuilles autour de lui. Il ne pouvait pas, pas ce soir. Il avait trop de choses à faire. Il pouvait remettre ses prisonniers à Linda, mais ils n'avaient commis aucun crime. S'ils avaient déjà fait de la prison, elle pourrait les inculper pour port d'arme. Trop de paperasse pour rien.

— Comment va ta jambe ? dit-il.

— Ça douille, dit Freddie.

— Je me fous de Charley Flowers et de ses trafics. Je dois parler à Fuckin' Barney. Alors voilà le topo. Les flics qui le cherchent, c'est pas bon pour votre business. Vous m'aidez à lui parler et les choses redeviennent comme avant.

— Et nous dans tout ça ? dit Freddie.

— Vous rentrez à Detroit.

— Je sais pas, dit Vernon. Ça va pas plaire à Fuckin' Barney.

— Et alors ? dit Mick. Vous êtes les gros bras de Motor City*. Vous pesez dans le milieu. Sinon, vous racontez à M. Flowers tout ce qui s'est passé ici ce soir. Je vous tire dessus, mais rien de méchant, juste histoire que ça ait l'air suffisamment vrai pour qu'il vous croie. Les bonnes sœurs tiennent un hôpital à Morehead, mais ça risque d'attirer l'attention et c'est pas ce que vous cherchez. Le problème, c'est que ça fait une trotte jusqu'à Detroit avec une jambe

* Surnom de Detroit, ancienne capitale de l'industrie automobile américaine.

en sang et une balle dans le corps. Mais si c'est ça que vous voulez, pas de souci. Une balle chacun, rien de vital, aucune artère touchée. Je vous ferai les pansements. Qu'est-ce que vous en dites ?

— On sait pas où il est, dit Vernon.

— Qui a dit à votre patron que je le cherchais ?

— La mère de Fuckin' Barney.

Mick éclata de rire. La vieille l'avait bien mené en bateau.

— J'ai faim, dit-il. Vous avez faim ? On va manger un bout puis rendre une petite visite à Mme Kissick.

Dans la maison, Mick déchargea les armes des deux hommes, ouvrit trois boîtes de SpaghettiOs, et les apporta dehors. Il coupa les liens de leurs poignets. Mick mangea avec une fourchette et leur donna des cuillères.

— Mec, dit Vernon. J'adore les SpaghettiOs. C'est tout ce que je mangeais gamin. Mais c'est meilleur chaud, quand même. Vous mangez que comme ça, ici, des conserves et des cuillères ? La vie au grand air, ce genre de délire ?

— Non, dit Mick. Je vous fais pas confiance avec une fourchette.

— On peut arracher un œil avec une cuillère.

— La ferme, dit Freddie. J'essaie de manger.

Mick leur donna de l'eau et remonta la jambe du pantalon de Freddie. Le mince tissu glissa facilement jusqu'au genou, révélant trois zébrures rouges.

— Ça a pas attaqué la peau, dit Mick. T'auras un bleu mais tu peux marcher. On prend votre voiture.

Les hommes hochèrent la tête. Mick coupa les cordes et les guida vers la voiture avec son arme.

— Vernon, tu conduis, dit Mick. Freddie, tu te mets devant. Moi je reste derrière. Au moindre coup fourré, je tire à travers les sièges pour étouffer le son. Vu ?

Une fois installé dans le véhicule, Mick leur tendit les clefs, ce qui surprit les deux hommes. Freddie lança un regard à Vernon et secoua la tête d'un air méprisant.

15

Ils quittèrent la colline en silence et rejoignirent le bitume, puis ils prirent des routes de traverse pour gagner la maison des Kissick. La lumière du porche s'alluma et un homme sortit avec un fusil. Mick sourit – c'était la pire arme pour la situation, inadaptée au combat rapproché. Il baissa sa vitre.

— C'est Mick Hardin, dit-il. T'es le fils de Mme Kissick ?

— Ouais, dit l'homme. Je suis Mason.

— Faut que je parle à ta mère une minute.

— Elle est au lit.

— Va la chercher, dit Mick. Dis-lui que c'est pour parler affaires. J'ai deux gars de Detroit avec moi.

— Elle aime pas qu'on la réveille.

— Vaut mieux que ce soit toi plutôt que je klaxonne et que je lui dise que c'est ta faute. Allez, fonce. Ça sera pas long.

Mason resta planté là vingt secondes, dans une attitude de défi puérile, puis il entra dans la maison. Quelques minutes plus tard il en sortit, les épaules avachies de dépit.

— Elle dit que vous pouvez venir. Mais pas eux.

— Non, dit Mick. Je ne peux pas les laisser seuls. Ils risquent de se faire la malle.

— Vous pouvez pas, je sais pas, les menotter ?

— T'as des menottes ?

Mason secoua la tête.

— Moi non plus, dit Mick. Je sors, mais je reste ici. Vas-y, va la chercher.

L'homme hocha la tête et repartit vers la maison.

— Passe-moi les clefs, dit Mick à Vernon. Le premier qui descend, je le fauche comme du foin.

Il sortit de la voiture et se tint assez éloigné de la vitre pour que Vernon ne puisse pas l'atteindre. Une demi-lune s'était levée, suspendue dans le ciel comme une assiette cassée, estompant la lumière des étoiles alentour. Une chouette rayée lança son babillement haut perché, suivi par les cris de deux mâles se disputant ses faveurs.

Shifty Kissick s'avança sur le porche dans un long peignoir en flanelle par-dessus une robe de chambre et des pantoufles. Un pan du peignoir était alourdi par ce qu'il jugea être le poids d'une arme de poing. Il l'avait sous-estimée une fois, on ne l'y reprendrait pas. Mason se tenait à côté d'elle avec le fusil.

— Madame Kissick, dit Mick. Désolé de vous réveiller.

— Qu'est-ce que vous voulez ?

— Ces crapules de Detroit ont essayé de me tomber sur le dos.

Elle jeta un œil dans la voiture plongée dans le noir.

— Je les connais pas, dit-elle.

— Moi non plus. Je suis prêt à les laisser partir et oublier ce qu'ils m'ont raconté.

— À quel sujet ?

— Votre petit business familial. L'héroïne. Charley Flowers. Tout ça.

— Croyez pas un mot de ce qu'ils vous disent.

— Charley Flowers les a envoyés ici pour me dissuader de chercher votre fils.

— Je vois que ça a bien marché.

— Madame, je pense que vous savez où est votre fils. Laissez-moi lui parler et je renvoie ces zigotos chez eux. Si je dois les tuer, M. Flowers aura deux options. Une, il envoie plus méchants qu'eux. Deux, il arrête les frais et choisit quelqu'un d'autre que vous pour passer sa came.

— Vous allez vous faire une ennemie avec moi. Avec tous les Kissick.

— Je le comprends bien, madame. Mais je serai reparti à l'étranger. Le pire qui puisse m'arriver, c'est de plus pouvoir rentrer au pays, et c'est pas si grave vu la tournure que commence à prendre cette visite.

— Vous avez une femme dans le coin.

— Je vais être plus clair, madame Kissick. Je n'ai jamais menacé votre famille et je vous remercierais de me rendre la politesse.

— Il est pas ici.

— Pourriez-vous l'appeler ? Quand j'aurai parlé à votre garçon, vous ne me reverrez plus.

— Qu'est-ce que vous voulez de lui ? dit-elle.

— Qui il a vu à Choctaw. À quelle heure. Dans quel genre de voiture.

— Il va pas aimer.

— Madame, vous n'aimez pas être réveillée. Moi, j'aime pas avoir ces gars de Detroit dans la voiture. Le fait est qu'aucun d'entre nous n'aime ce qui lui arrive. Alors si vous lui passez un coup de fil, on peut arrêter de se prendre la tête et aller se coucher.

Dans la faible lueur du porche le visage de la femme ne montrait rien, ce qui l'impressionna. Il se demanda l'espace d'un instant ce qu'il serait devenu avec elle comme mère au lieu d'une recluse qui collectionnait les pendules. Il aurait vendu de la dope dans les collines et Fuckin' Barney serait à l'armée.

— Téléphone, dit-elle à Mason.

Il lui tendit un portable. Elle appuya sur un bouton et se mit à parler au bout de quelques secondes, trop doucement pour que Mick puisse entendre. Si les choses tournaient mal, il la toucherait à la jambe pendant que Mason lèverait son fusil. Il serait secoué de voir sa mère blessée et Mick pourrait l'abattre facilement.

Elle passa le téléphone à son fils, qui descendit les trois marches et traversa le jardin avec. Mick se déplaça vers l'arrière de la voiture.

— Pose-le sur le capot, dit-il.

Mason jeta un regard à sa mère qui lui adressa un bref hochement de tête, et il s'exécuta.

— Mason, dit Mick. J'ai besoin d'un petit service. Tu pourrais braquer ton fusil sur les deux gus dans la voiture pendant que je parle à ton frère ?

De nouveau il se tourna vers sa mère pour avoir son approbation. Elle hocha la tête et Mick prit le téléphone. Le nom de contact disait "F.B." Mick le porta à son oreille.

— T'es pas facile à trouver, dit-il.

— Je veux pas être trouvé.

— Je sais que t'étais du côté de Choctaw la nuit où Nonnie Johnson est morte. Je veux savoir ce qui s'est passé là-bas.

— Je te dirai rien.

— Je suis pas flic, dit Mick.

— C'est pas les flics qui m'inquiètent.

Mick pencha la tête, réfléchissant rapidement. Ce que savait Fuckin' Barney le poussait à se planquer. Il avait peur de quelqu'un.

— De qui tu te caches ? dit Mick.

— T'es sourd ? Je dirai rien. Si je te parle, c'est juste parce que maman m'a demandé.

— Je comprends ça, dit Mick. Tu es loyal envers ta mère.

— Voilà, ouais.

— J'ai deux gars de Detroit ici.

— Maman m'a raconté.

— Écoute-moi une minute, tu veux bien ? Je peux appeler ma sœur tout de suite. Elle va faire rappliquer la police d'État et le FBI. Ils vont tout savoir sur Charley Flowers et sur vos petits trafics. Ils vont coffrer tout le monde, ta mère comprise. Tu veux pas avoir la pègre de Detroit au cul. Et tu es un trop bon fils pour laisser ta mère aller en prison à ta place. Alors si tu me disais plutôt ce que je veux savoir ?

— T'es un gros connard.

— J'ai déjà entendu ça mille fois. Dis-moi quelque chose que je sais pas. Qui a tué Nonnie ? De qui tu te caches ?

Fuckin' Barney parla pendant deux minutes. Mick mit fin à la conversation et fit signe à Mason de retourner vers la maison. Il lança le téléphone dans le jardin et adressa un signe de tête à Mme Kissick.

— Merci madame, dit-il. Une dernière chose.

— C'est toujours la même rengaine, dit-elle.

— Vous dites à personne d'autre où est la maison de mon Papaw. Je serai beaucoup moins gentil la prochaine fois.

— T'es bien le fils de ton père, toi. Tu sais qu'il m'a fait la cour ici même y a une quarantaine d'années ?

— Il vous plaisait pas ?

— Oh si. Mais c'était un sacré sauvage à l'époque.

— Il paraît, dit Mick. À la prochaine.

Il remonta à l'arrière, donna les clefs à Vernon et lui demanda de retourner à la cabane. Il leur ordonna de s'asseoir sous l'arbre, ce qu'ils firent avec une obéissance immédiate. C'était une autre technique d'interrogatoire, adaptée de ce qu'il avait appris sur le dressage des éléphanteaux. Ils étaient enchaînés à un piquet pendant les premières années de leur vie. Lorsqu'on enlevait les chaînes, le dresseur plantait un piquet au sol et les éléphants restaient à proximité.

Tandis que Vernon et Freddie s'asseyaient, il fouilla la voiture de fond en comble et ne trouva rien.

— OK, dit-il. Vous pouvez y aller.

— Qu'est-ce que tu cherchais ? dit Vernon.

— Des munitions.

Il leur rendit leurs pistolets déchargés.

— Désolé pour ta jambe, dit-il.

— Ça va, dit Freddie en haussant les épaules. Je peux avoir mon couteau, aussi ?

— Tu pourras trouver le même n'importe où.

— C'est mon oncle qui me l'a offert.

Mick le lui lança.

— Merci, dit Freddie.

Mick hocha la tête. Les deux hommes remontèrent dans la voiture.

— Vous pouvez raconter ce que vous voulez à Charley Flowers, dit Mick. Mais faites-lui bien comprendre qu'il ne m'intéresse pas. Si quelqu'un revient fouiner chez moi, ça sera différent.

Vernon démarra. Mick observa les feux arrière jusqu'à ce qu'ils disparaissent dans l'obscurité. Il les entendit descendre la colline en première, le moteur luttant contre le poids de la gravité. Quand le bruit se dissipa il rentra dans la cabane.

Au pied de la colline, Vernon s'arrêta au niveau du bitume. L'odeur de la voiture avait empiré. La transpiration de peur sentait toujours mauvais, mais c'était la première fois qu'il sentait la sienne. Freddie alluma une cigarette et sortit de la voiture, étira sa jambe et s'appuya dessus. Vernon le rejoignit.

— Comment ça va ? dit-il.

— Pas trop mal. Ta famille est vraiment d'ici ?

— Ouais. Ils sont partis pour Detroit dans les années 1980.

— Tu dois être content qu'ils soient partis, dit Freddie. Putain, c'est quoi ce trou ?

— Papa m'a dit que c'était la dernière forêt nationale que le gouvernement a créée. La ville était déjà là.

— Ces gens vivent vraiment au fond des bois, dit Freddie en riant – un petit événement en soi. (Son rire était râpeux, comme s'il avait rouillé à force de ne pas être utilisé.) Allez, on se tire.

— Je me disais que je pourrais passer voir mes cousins.
— Pour quoi faire ? dit Freddie.
— Récupérer des munitions.
— Il nous a dégommés comme des putains de poissons, dit Freddie. Je retourne pas le voir sans du renfort. On s'en branle de ce mec, et on s'en branle de cet endroit.
— Et Charley dans tout ça ?
— On lui dit que Hardin est ni un nouveau sur le marché ni un fédéral. On l'a mis en garde. Mission accomplie.
— La vieille sait ce qui s'est passé.
— Elle a pas l'air du genre bavarde.
— Et si elle l'était ? dit Vernon. Ça plairait pas à Charley.
— Alors quoi, on reste ici et on les bute tous ? Hardin, Fuckin' Barney, la vieille, et tous les autres dans la maison ? C'est ça, ton plan ?
— Peut-être que mes cousins pourraient aider.
— Des cousins que t'as jamais rencontrés. Compte là-dessus, ouais.
— C'est quoi ton plan alors ?
— On rentre à la maison et on palpe l'argent. On s'enfume pendant une semaine. Et on attend le prochain contrat.

Vernon étudia l'épaisse forêt qui les entourait, les terres plongées dans l'ombre, la mince bande d'étoiles visible entre les collines. Il ne voulait pas rester ici non plus. Son orgueil ne valait pas le risque d'une nouvelle humiliation.

— OK, dit-il. On s'arrêtera à Dayton en route.

Dans la cabane, Mick s'allongea sur le dos, pistolet en main, contemplant le plafond vaguement illuminé par un quartier de lune. Il jugea que les deux petits citadins ne reviendraient plus l'embêter. Ils avaient commencé en bas de l'échelle, ils étaient montés en grade jusqu'à travailler pour un gros bonnet, et ils ignoraient qu'ils avaient atteint leur plafond. Leur assurance et leur énergie les avaient aidés plus jeunes, mais ils n'iraient pas plus loin. Ils n'étaient pas assez futés, pas assez courageux, pas assez coriaces. Ces types-là finissaient morts ou derrière les barreaux.

16

Mick se réveilla à sept heures, immédiatement aux aguets, écoutant une paruline à gorge jaune chanter sous le couvert des arbres derrière sa fenêtre. Le ciel était bleu pâle, estampé d'une bande rouge au-dessus de la cime des arbres. Après avoir changé le pansement de sa morsure de mule, il s'arma et prit la route, puis il s'arrêta sur un large accotement. Il sortit son téléphone de la boîte à gants et consulta ses appels en absence – deux nouveaux d'Allemagne, qu'il ignora. Il écrivit à Linda de le retrouver au Smokey Valley Truck Stop pour le petit déjeuner. Elle répondit immédiatement :

> fermé ya cinq ans crétin. on se voit à Bob's, jonction i-64. 20 min.

Il roula jusqu'à Bob's, une station-service qui vendait du lait, des œufs, des cigarettes et du matériel de pêche. Un rayon contenait une rangée de bouées de sauvetage orange dans des emballages en plastique couverts de poussière, signe que les gens des collines craignaient moins la noyade que la dépense. Comme disait son grand-père, les gens qui ne savent pas nager feraient mieux de rester à l'écart des lacs. Au fond de la boutique, un buffet chaud émettait une forte odeur de saucisse. Trois hommes âgés étaient assis dans un coin autour d'un café, débattant fiévreusement des chances de victoire des Cincinnati Reds. Linda arriva avec quelques minutes de retard, les cheveux encore mouillés de la douche.

— T'as mangé ? dit-elle.

Il secoua la tête et ils se dirigèrent vers le buffet. Une femme maigre avec un piercing au nez remplit deux assiettes en carton avec des œufs brouillés, des saucisses, des petits pains, une sauce épaisse et des rondelles de pommes de terre noircies. Linda ajusta sa ceinture tactique pour s'asseoir sur la petite chaise. Elle lesta une fourchette d'un fragment de chaque aliment, puis elle parla :

— Qu'est-ce qu'il y a de si important pour qu'on doive se voir aussi tôt ?

— Pas ici.

— J'avais oublié à quel point t'étais un sale con grincheux le matin. Gueule de bois ?

— Non, j'ai arrêté, dit Mick. Je finirai pas comme papa, t'inquiète.

— Va te faire foutre.

— Et c'est moi le grincheux ?

Il mangea comme on lui avait appris, une main tenant le petit pain. Son grand-père appelait ça un "poussoir", et Mick le revoyait dire : "Passe-moi encore un poussoir." Ils finirent leur repas et marchèrent jusqu'au véhicule de

Linda. La lumière du soleil suintait sur le parking criblé de trous, éclairant les taches d'essence dans des arcs-en-ciel de rosée.

— Tanner Curtis est toujours en taule ? dit-il.

— Non, je l'ai laissé filer hier soir. Tu le saurais si tu prenais la peine de rester joignable. Tu saurais aussi que j'ai reçu un nouvel appel d'Allemagne. Ils savent que t'es là.

— J'étais censé rentrer la semaine dernière.

— Des ennuis ?

— Mon commandant me couvrira. Le pire qui puisse m'arriver, c'est l'article 15. Pas de sanction, mais ils peuvent me forcer à voir un psy.

— Je plains le pauvre toubib chez qui tu vas te pointer.

— Ça n'arrivera pas, dit Mick. C'est pour les gens qui ont des soucis émotionnels ou des problèmes d'addiction. Quelque chose qui les a poussés à déserter. Moi, ils savent que je vais revenir.

— Alors pourquoi il arrête pas d'appeler ?

— Je sais pas. Mais je pars pas d'ici avant d'avoir vu Peggy, et j'ai pas envie de parler de ça.

— OK, grand frère. De quoi tu veux parler ?

— Je sais qui a tué Nonnie.

Le visage de Linda se ferma, ses traits se durcirent violemment. Elle ouvrit la portière et grimpa dans le 4x4. Mick monta de l'autre côté.

— T'as appris ça quand ? dit-elle.

— Hier soir.

— Pourquoi tu ne me l'as pas dit tout de suite ?

— Il y a eu des complications. Quand j'ai fini de m'en occuper, il était tard et j'étais fatigué.

— Je t'ai jamais connu fatigué de toute ta vie.

— Les complications étaient sacrément compliquées. Bref, je connais l'identité du tueur. Delmer Collins.

— T'es sûr ? dit-elle.

— J'ai parlé à Fuckin' Barney. Il était du côté de Choctaw ce soir-là. Delmer l'a vu en partant. Le lendemain, Fuckin' Barney a reçu une petite visite d'un homme qui l'a menacé. C'est pour ça qu'il se cache. C'est pas des flics qu'il a peur, c'est de l'oncle de Delmer. Murvil Knox.

— Ce fils de pute. C'est pour ça qu'il m'a envoyé le FBI dans les pattes. Il a fait arrêter l'Adopté pour écarter les soupçons de son neveu.

Elle frappa le volant trois fois, regarda son poing, puis secoua la tête comme si elle s'ébrouait.

— Il est où, Delmer ? dit-elle.

— Ça, c'est la prochaine étape.

— Faut que je voie Fuckin' Barney.

— Pas possible. J'ai accepté qu'il ne soit pas inquiété s'il me disait ce qu'il savait.

— Inquiété de quoi ?

— Il fait dans le trafic d'héro. Les échanges ont lieu sur l'aire de repos du comté de Rowan sur l'Interstate.

— Donc je récapitule. Tu as un témoin dealer qui refuse de parler parce qu'il a peur. Tu ne sais pas où est le tueur ni pourquoi il a fait ça. Et j'ai un gars qui rapporte mes moindres faits et gestes à l'oncle du tueur.

— Voilà, en gros.

— Faut que je détourne l'attention du mec du FBI.

Mick hocha la tête.

— Je peux prévenir leur antenne de Louisville, dit Linda. Leur dire qu'on m'a rencardée sur un trafic d'héroïne et que je n'ai pas les effectifs pour m'en occuper. Et demander que l'agent spécial Wilson se charge de la surveillance de l'aire de repos.

— Tu crois qu'ils t'écouteront ?

— Je leur dirai que les arrestations seront pour eux, pas pour moi.

— C'est un bon plan, frangine, dit Mick. Pas bête du tout.

— C'est Fuckin'Barney qui t'a parlé de l'aire d'autoroute ?

— Non, j'ai eu cette info autrement.

— Une de tes complications ?

Il hocha la tête, pensant à Vernon et Freddie. Ils étaient sans doute encore en train d'écraser après avoir roulé la moitié de la nuit. Il avait une certaine affection pour eux, des adolescents attardés comme il en avait vu par centaines dans des bases en Europe.

— Autre chose ? dit-elle.

— Mon instinct me dit que Delmer est encore dans les parages. Son oncle doit le garder sous la main pour le contrôler. Quoi que tu fasses, faut pas que Knox sache que tu t'intéresses à Delmer. Ses gros bras ont fichu la frousse à Fuckin' Barney et ils n'ont pas l'air du genre à flipper facilement dans la famille.

— Ah, parce que tu connais toute la famille, maintenant ?

— Papa est sorti avec la mère avant d'épouser maman.

— Ça s'améliore pas.

— Ça serait encore pire si Knox découvrait ce qu'on sait.

Elle reprit son souffle. Mick estima que sa main lui faisait encore mal, sans quoi elle serait toujours en train de tambouriner sur le volant.

— Qu'est-ce que tu vas faire ? dit-elle.

— Je vais reparler au vieux Tucker. Il a vécu toute sa vie dans ces collines. S'il y a une bonne planque, il saura où elle est.

— Possible.

— Je préfère que ça reste entre nous. Pas de Johnny Boy.

— T'en fais pas, dit-elle. Il est à l'autre bout du comté pour un litige de voisinage. Un type a construit une clôture. Le voisin dit que c'est sur son terrain. Le truc, c'est qu'ils se battent pour cinq centimètres. La clôture fait deux cents mètres. Le voisin dit que ça représente mille mètres de terrain qu'on lui sucre.

— Ils devraient tous les deux demander un nouveau levé.

— Aucun n'a les sous pour ça. Tout ce qu'ils ont, c'est de la terre et des flingues. C'est pour ça que Johnny Boy est là-bas et pas moi. Lui, il a pas de problème pour parler aux gens.

— Et c'est pour ça qu'il doit pas savoir ce qu'on fait.

Mick quitta le 4x4, s'approcha du côté conducteur et attendit qu'elle baisse la vitre.

— Quoi encore, bon sang ?

— Envoie-moi un texto dès que t'as appelé le FBI.

— Qu'est-ce que tu manigances ?

— Compliqué.

Il rentra dans son pick-up et sortit de la ville, en direction des crêtes reculées qui marquaient la limite du comté de Carter. Au pied de la colline de Tucker, il rétrograda en première et s'engagea sur la pente escarpée. Un mocassin à tête cuivrée était étendu sur toute la largeur de la route afin de capter la chaleur. Le pick-up provoqua suffisamment de vibrations dans le sol pour que le serpent aille se mettre à l'abri. Au sommet, Mick prit le virage serré qui conduisait au cul-de-sac et à la maison de Tucker. Un chien blanc accourut au trot, aboya une fois et se planta devant la maison les oreilles plaquées en arrière, le poil dressé, la queue tendue. Une minute plus tard, la porte s'ouvrit et M. Tucker émergea en habits de travail, la main droite partiellement cachée derrière son dos où Mick savait qu'il tenait un pistolet.

— Monsieur Tucker, cria Mick depuis le pick-up. C'est Mick Hardin. Je suis venu il y a quelques jours.

Le vieil homme hocha la tête. Mick descendit du pick-up, gardant un œil sur le chien, qui ne semblait pas apprécier la situation.

— J'ai pas vu votre chien la dernière fois, dit Mick.

— Nan, il avait une affaire à régler.

— Il mord ?

— Si je lui dis de le faire, il t'arrache la jambe et il te frappe avec.

— Je peux vous parler une minute ?

— On dirait bien.

Tucker lui fit signe de le rejoindre sur le porche et Mick grimpa les marches, ignorant délibérément le chien.

— C'est quoi, le nom de votre chien ? dit-il.

— En général, je l'appelle surtout Chien. Ça facilite les choses, pour lui comme pour moi. J'ai eu sept chiens qui s'appelaient Chien. Ma femme voudrait qu'on prenne un chiot dès que l'autre se fait vieux, mais ça ferait trop de confusion. Chien Un, Chien Deux. C'est sans fin.

Mick hocha la tête. Le vieux était plus bavard que la fois d'avant, et il mit ça sur le compte d'un bon café et d'un sommeil réparateur.

— Bien dormi ? dit-il.

— T'es pas là pour parler de mes nuits ou de mes chiens.

— Non monsieur. C'est au sujet de Nonnie Johnson. J'ai eu un tuyau sur le coupable. Je pense qu'il se cache quelque part dans les collines. La ville est trop petite. Vous connaissez ces terres mieux que personne. Où vous pensez qu'il peut se planquer ?

Un colibri planta son bec dans la fleur violette d'un volubilis. Un rival fondit sur lui et ils entamèrent un duel dans les airs jusqu'à ce qu'un des deux aille se poser sur un gattilier.

— Y a des grottes, dit Tucker. Les jeunes vont là-bas pour boire.

— Sans doute pas assez discret.

— Trois ou quatre anciennes maisons où plus personne vit. Les routes sont couvertes de végétation.

— Vous pouvez me montrer où elles sont ?

— Je peux pas laisser ma femme aussi longtemps. Je connais les noms de famille.

— Ça peut déjà aider.

— Caudill. Y en a des tas, mais c'est celle de la mère de Boyd Caudill que tu cherches. L'ancienne maison des Branham. Et un terrain des Gibson. Tous ces gens nous ont quittés mais leur chez-eux est encore là. Un peu comme ici un jour.

— Moi je dis que vous avez encore de belles années sur cette terre.

— Pas ma femme.

Le vieil homme tourna ses yeux un instant vers la porte. Il était rare de passer les quatre-vingts dans les collines, surtout pour un couple.

— Désolé de l'entendre, dit Mick.

Le vieil homme ne prononça pas un mot et Mick retourna à son pick-up. Il s'était souvent imaginé une vie comme ça pour Peggy et lui – finir leurs jours côte à côte sur un porche, profitant tranquillement des oiseaux, des arbres et des fleurs. Il voulait mesurer le temps à la croissance des arbres.

17

LINDA avait toujours eu un faible pour la vitesse et roulait à fond de train avec la barre lumineuse allumée. Elle aimait la puissance du 4x4, sa volonté d'adhérer au plus près du bitume, sa capacité à monter à cent cinquante kilomètres à l'heure sur un tronçon de deux cents mètres. La route s'appelait officiellement County 519, mais elle était plus connue sous le nom de route de Clearfield, de Poppin Rock ou de Paragon. Elle filait plein sud, le long de cimetières familiaux et de champs de maïs, suivant le cours de Lick Fork Creek jusqu'à la commune de Zag. Linda ralentit en approchant de la limite du comté. L'appel d'urgence avait évoqué une allée de gravier dans la zone du comté de Morgan avec une Pontiac Grand Prix dans le fossé. Deux individus étaient indemnes mais affichaient "un comportement bizarre".

Linda trouva l'allée facilement, son véhicule soulevant un nuage de poussière blanche sur le calcaire concassé. La Grand Prix avait manqué un virage serré et terminé dans le fossé. L'aile arrière droite était dépareillée, dénichée à la casse. Des couches de mastic s'écaillaient sur le métal nu en plusieurs endroits, suintant de rouille comme si elles pleuraient des larmes rouges. Elle vérifia les plaques. La voiture était enregistrée au nom de Roger Crawford, que Linda connaissait comme un dealer d'herbe à la petite semaine. Elle se gara et s'approcha du véhicule. Un jeune homme était endormi sur la banquette arrière, les mains calées entre ses genoux repliés.

Deux individus d'une petite vingtaine d'années étaient assis par terre, adossés à un arbre abattu. Leurs vêtements étaient sales et pleins de trous de cigarette. La femme avait la tête avachie contre l'écorce. L'homme regardait Linda comme si rien ne pouvait le surprendre.

— Roger, dit-elle. C'est toi ?

— Ouaip.

— Et ta copine, c'est qui ?

— Ma sœur.

Il donna un petit coup de coude à la femme et elle regarda autour d'elle comme un enfant émergeant de sa sieste.

— Ton nom ? dit Linda.

— Shawna. Les gens m'appellent Shana.

— Hmm-hmm, dit Linda. On dirait que vous avez fait une sortie de route. Qui conduisait ?

— Moi, dit Roger, mais c'était pas ma faute.

— Qu'est-ce qui s'est passé ? Un cerf vous a foncé dessus ?

— Non, dit-il. C'était son tour de conduire.

— Qui ça ?

— Jackie.

— Le type à l'arrière ?

— Ouaip.
— C'est qui ?
— Jackie Ray, dit Shana. C'est mon copain.
— Hmm-hmm, dit Linda. Je vois. C'était à ton copain de conduire et c'est Roger qui a eu l'accident. C'est bien ça ?

Ils acquiescèrent tous les deux avec un sourire, et Linda comprit qu'ils étaient trop défoncés pour que ce soit seulement de l'herbe. Il s'agissait forcément d'opiacés.

— Vous avez de la drogue sur vous ? Ou des armes ?
— Ouais, dit Shana.
— Non, dit Roger.
— Bon, va falloir vous mettre d'accord.
— Des cachets mais pas de flingues, dit Roger.

Shana hocha la tête avec empressement comme si elle s'attendait à une récompense pour avoir donné la bonne réponse.

— Passez-les-moi, dit Linda.

Avec de lents mouvements saccadés, ils fouillèrent dans leurs poches de jeans et lui tendirent des sachets plastiques opaques. Linda les examina. Les deux provenaient de la même pharmacie de Tampa, en Floride, prescrits par le même médecin. Soixante milligrammes d'Oxycontin, cinquante comprimés par flacon. Il en manquait cinq à chacun.

— Vous en avez d'autres dans la voiture ? dit Linda.
— Ouaip, dit Roger.
— OK. Je vais vous mettre en garde à vue. Si vous cherchez à fuir, je serai obligée de vous arrêter. C'est ça que vous voulez ?

Ils secouèrent tous les deux la tête sans parler.

— Bien, dit Linda. Restez là.

Elle marcha jusqu'à la voiture, sachant qu'ils étaient trop raides pour courir. Il y avait une grande boite de café pleine de mégot sur le plancher à l'avant. Dans la boîte à gants, elle trouva des barres chocolatées et vingt-quatre flacons d'Oxycontin, les ordonnances présentées dans quatre pharmacies différentes. Elle ouvrit la porte arrière. Par terre, elle vit un cheeseburger à moitié entamé et un flacon d'Oxy vide. Saisie d'effroi, elle secoua doucement Jackie, puis elle appuya ses doigts contre sa carotide et ne sentit pas son pouls. Elle lui tira le bras mais la rigueur cadavérique le maintint immobile, ce qui signifiait que l'homme était mort depuis plusieurs heures.

Elle alla à sa voiture pour appeler une ambulance, puis la police d'État. Elle revint vers Roger et Shana en se demandant combien de temps ils avaient roulé avec un mort à l'arrière.

— Roger, dit-elle, il faut que je te pose la question. Vous revenez d'une expédition en Floride ? Pour récupérer de l'Oxy ?

— Ouaip.

— J'avais dans l'idée que tu faisais que de l'herbe.

— Avant oui. Maintenant les gens veulent de l'Oxy.

Elle le menotta, le fit se lever, le conduisit dans son 4x4 et revint chercher Shana.

— Y a un truc que je comprends pas, dit-elle. Tu m'as dit que c'était le tour de Jackie de conduire quand ton frère est parti dans le fossé.

Shana hocha la tête pour l'encourager à poursuivre.

— Je vois pas comment l'accident s'est produit, dit Linda.

— Jackie ne se réveillait pas.
— Hmm-hmm. Vous avez fait quoi ?
— Roger a tourné sur cette route et il a ralenti mais j'arrivais pas à réveiller Jackie. Roger, il a tendu le bras derrière pour le secouer. Et là, la voiture est sortie de la route.
— Et ensuite ?
— Je me souviens pas. Vous êtes arrivée.
— OK, dit Linda. Je vais devoir te menotter et tu pourras t'asseoir avec Roger dans ma voiture. Tends les mains.
Shana obéit et Linda la releva. Elle ne pesait pas quarante kilos. Linda ouvrit la porte et installa Shana à l'arrière du 4x4.
— Et Jackie ? dit Shana. Il vient, lui aussi ?
Linda ferma la porte sans répondre. Elle fouilla la voiture une nouvelle fois pour s'assurer que rien ne lui avait échappé avant l'arrivée de la police d'État. Un atlas routier en lambeaux. Trois paquets de cigarettes vides, un briquet, un sachet de ketchup, quatre frites rances et un cadavre.
Comme elle ne voulait pas attendre avec ses prisonniers, elle alla s'asseoir sur l'arbre abattu contre lequel ils s'étaient adossés. Elle ne s'était pas sentie aussi triste depuis longtemps. Shana allait dégriser en prison et apprendre que son copain était mort. Et ce n'était pas la cure de désintox imposée par le tribunal qui l'aiderait à se remettre d'une telle perte.
Linda ajusta sa position pour se trouver face aux arbres. Elle pouvait tourner le dos à une petite partie du monde à la fois. Le martèlement violent d'un bec sur l'écorce morte résonnait dans les bois et elle scruta les fourrés à la

recherche d'un grand pic. L'oiseau décrivit une série de boucles et atterrit sur les branches d'un frêne. Des fougères poussaient en bas de l'arbre. Une rangée de fleurs de carottes sauvages oscillait dans le fossé. Petite fille, elle les teignait en rouge et bleu dans des verres d'eau avec du colorant alimentaire. Les tiges absorbaient l'eau et transféraient le colorant aux capitules dentelés. Elle se demanda si les enfants faisaient encore ça, si Shana l'avait déjà fait un jour.

18

À mi-chemin de la ville Mick se gara sous un platane et sortit son téléphone de la boîte à gants. Un SMS de sa sœur disait :

Aire de repos. FBI. Réglé.

Une demi-heure plus tard, il prit la route de terre qui menait à la maison de Mme Kissick. Assise sur le porche, celle-ci fumait une cigarette, portant un tablier par-dessus un chemisier et un jean. Elle utilisait un ourlet de son pantalon comme réceptacle pour ses cendres. Mick se gara et le visage de la femme se ferma aussitôt, comme si on avait actionné un levier.

— Tu peux aller au diable dans une citrouille, dit-elle.

— Ça finira sans doute par arriver. Je suis venu vous faire passer un message pour votre fils.

Elle tira un Colt .22 de la poche de son tablier. Mick n'avait pas vu ce modèle depuis longtemps. Connu comme une arme de prostituée, il avait un canon de cinq centimètres et pas de chien pour ne pas accrocher le tissu.

— Dites à votre fils de ne plus utiliser l'aire de repos de l'Interstate pour les échanges. Le FBI la surveille.

— Je vois pas de quoi tu parles.

— Madame, on n'en est plus au stade des mensonges. J'essaie de vous aider.

— Pourquoi tu ferais ça?

— Vous m'avez aidé hier soir.

— Ça fait pas de nous des amis.

— Non, mais ça fait qu'on est quittes.

Il exécuta lentement son demi-tour et reprit la route en l'observant dans son rétroviseur. Elle se leva, rangea son arme et étendit son pied sur le bord du porche. Appuyée sur la balustrade, elle se pencha et défit son ourlet pour vider les cendres. Un léger nuage gris s'envola dans la brise.

Mick se dirigea vers le siège du comté. Morehead était une ville de 7500 habitants qui, au début du XIXe siècle, servait d'étape dans le transport de matériaux pour les industries du bois, de l'argile et du gaz naturel. Aujourd'hui elle comptait deux principaux employeurs – l'université d'État à l'est de la ville et le centre médical Sainte-Claire à l'ouest. À mesure que l'un et l'autre grandissaient, le centre-ville s'était ratatiné, remplacé par une multitude de parkings.

Main Street, la rue principale d'origine, s'arrêtait abruptement sur une glissière métallique et Mick se rangea sur le côté pour se repérer. Une nouvelle route avait été construite un peu plus au sud. Elle s'appelait Wilkinson Boulevard, en hommage à un gouverneur qui s'était retrouvé devant les tribunaux à cause d'une combine à la Ponzi et avait invoqué cent quarante fois le cinquième amendement. Maintenant il avait une route à son nom – une bretelle de contournement dans une ville déjà contournée depuis un siècle.

Mick appela sa sœur.

— Quoi ? dit-elle.

— Il me faut deux cartes topographiques. Une récente, une qui date d'une cinquantaine d'années.

— Le territoire a pas changé.

— Les routes si. T'as ça sous la main ?

— Au bureau.

— Je te retrouve là-bas.

— Je suis en déplacement, là tout de suite. Tribunal d'abord, prison ensuite.

— Je croyais que t'avais fait sortir Tanner ?

— Y a une jeune fille que j'essaie d'aider. Shana Crawford. Son mec a fait une overdose.

— Je connais la famille, mais pas elle.

— Je peux pas te parler, là. Je vais demander à Johnny Boy de t'apporter les cartes dehors.

— Dis-lui que j'y suis dans dix minutes.

— Autre chose ?

— Ouais. À quoi elle sert, cette nouvelle bretelle ?

— Dieu seul le sait. Y a jamais rien eu à faire à Morehead, maintenant il y a encore plus de choses à pas faire.

Elle mit fin à l'appel. Il roula jusqu'au bureau du shérif et se gara à l'autre bout du parking, en marche arrière pour un départ rapide. La ville était bâtie dans l'espace le plus large entre les collines, qui se dressaient comme des murs de chaque côté. Mick était en train d'écrire à sa sœur de presser Johnny Boy quand quelqu'un tapa à la vitre côté passager. Mick lâcha son téléphone et approcha sa main de son pistolet. Un jeune inconnu maigrichon était planté dans le parking, vêtu d'un blazer au rabais, d'une cravate et d'un ceinturon avec un holster. Il avait tout l'air du type prêt à se faire arnaquer chez un concessionnaire automobile. Mick s'approcha de la vitre entrouverte.

— Baissez la vitre, dit l'homme.

— Je peux pas, dit Mick. Elle est coincée. J'ai une pince étau qui me sert de manivelle.

— Je suis l'agent spécial Wilson. Du FBI.

— Enchanté.

— Et vous êtes ?

— Là tout de suite, dit Mick, je suis occupé à mes affaires.

— Vous êtes garé devant le bureau du shérif. Ça en fait mon affaire.

— Alors je peux me tromper, mais je crois bien que le FBI s'occupe de crimes fédéraux. Là on est sur une propriété d'État. Et être assis dans un pick-up n'est pas un crime.

— Il va me falloir vos papiers, monsieur.

— Il vous faut une raison pour ça. Le Kentucky n'autorise pas les contrôles aléatoires. À moins que vous pensiez que j'ai commis un crime. C'est ça que vous pensez ? Que j'ai commis une infraction et que je débarque tout droit chez le shérif ?

Wilson cligna rapidement des yeux. Son visage s'assombrissait peu à peu. Mick sentait son irritation et se demandait comment la situation allait évoluer. L'agent n'avait pas l'air du genre à l'arracher de force à sa voiture pour l'emmener en garde à vue *manu militari*.

— Vous avez quelque chose à faire ici ? dit Wilson.

— Oui.

Wilson attendait clairement que Mick poursuive. Mick attendit. Inutile de faciliter les choses à l'homme qui avait coffré Tanner Curtis, mais il commençait déjà à se lasser de ce petit jeu. La porte du bâtiment s'ouvrit et Johnny Boy traversa le parking d'un pas tranquille avec une liasse de cartes.

— Salut Mick, dit-il. Comment va ta morsure de mule ?

— Ça lance un peu, mais c'est pas infecté.

— Je vois que tu as rencontré notre transfuge du FBI, dit Johnny Boy. Il a fait l'armée, comme toi.

— Vous étiez où ? dit Mick.

— À Washington, surtout, dit Wilson. Vous ?

— Oh, la routine – Irak, Afghanistan, Syrie.

Johnny Boy eut un sourire narquois et lui passa les cartes par la fenêtre.

— Linda m'a dit de te donner ça.

Mick le remercia d'un signe de tête puis il regarda Wilson.

— Toujours un plaisir de se retrouver entre anciens combattants, dit-il.

Il quitta le parking, prenant par réflexe la direction de l'ancien siège du comté, qui avait été reconverti en centre culturel. On lui indiqua le nouveau bâtiment à l'ouest de la ville. Une fois à l'intérieur, il demanda le cadastre et on l'escorta à la salle d'archives. Les registres commençaient en 1880 et il les éplucha en partant du début, cherchant les transactions impliquant les noms de famille fournis par M. Tucker.

Il débuta par Caudill, le nom le plus courant du comté, ce qui le renvoya vers un ordinateur vétuste pour accéder au registre des naissances. Il y avait tant de Caudill qu'il lui fallut cinq heures pour trouver Boyd, puis remonter sa généalogie afin de parvenir au premier achat de propriété de la famille en 1939. La vieille carte topographique lui permit de localiser approximativement le terrain et une route. La carte récente l'informa que le comté n'avait jamais annexé la route. C'était comme une allée privée de cinq kilomètres, qui n'apparaissait plus sur les cartes ni sur les GPS.

Affamé, il parcourut la ville en long et en large à la recherche des anciens fast-foods. Jimbo's avait disparu depuis longtemps et Dixie Grill aussi. Pat's Poolroom, qui vendait autrefois les meilleurs cheeseburgers, avait fermé. On avait dressé des chaises métalliques et une table devant l'ancien cinéma et il remarqua un panneau en néon représentant une tasse de café surmontée d'une volute de fumée. Il commanda une soupe et un sandwich en se remémorant les séances du matin quand il était enfant. L'entrepreneur avait fait un bon travail de rénovation de ce qui n'était en fait qu'une pièce gigantesque avec un sol en pente et pas de fenêtres. Deux autres boutiques partageaient l'espace – un magasin de laine et une librairie, la première du comté. Il acheta un pot de confiture de mûres artisanale.

Il retourna au siège du comté et répéta la même opération avec Branham, plus simple car le nom était plus rare. Il trouva une propriété au nom de Gibson non loin de chez M. Tucker. Il commencerait par là le lendemain. Il avait des courbatures à force de consulter des documents assis, les yeux plissés pour lire les actes de propriété et les certificats de naissance rédigés à la main.

Il lutta contre l'envie de se saouler dans les bois et se rendit chez lui pour la troisième fois en deux semaines. L'allée était une dalle de ciment craquelée et bordée de forsythias avec une descente de gouttière en vinyle noir écrasée plus d'une fois par des pneus. La rue était familière, les voisins n'avaient pas changé, les voitures étaient garées au même endroit. Sa maison était inchangée, elle aussi, du moins à l'extérieur.

19

BEAUCOUP de femmes vivaient leur grossesse comme une période joyeuse où les couleurs étaient plus vives et les odeurs plus intenses. Peggy, elle, avait un drôle de goût dans la bouche. Elle dormait mal et elle était épuisée toute la journée. Elle culpabilisait d'avoir blessé son mari. Quelques jours plus tôt elle avait vu son pick-up garé sous le saule de l'autre côté de la rue et elle avait frénétiquement rangé la maison et changé de vêtements. Elle avait fait du thé et passé plusieurs minutes à choisir où s'asseoir. Le canapé, pour qu'il la rejoigne ? Ou bien est-ce qu'il devinerait qu'elle l'avait choisi exprès ? Mick savait lire les situations en un quart de seconde. Mieux valait prendre son fauteuil habituel devant la télé avec son téléphone à portée de main.

Lorsque la voiture avait démarré au bout de deux heures, elle avait été déçue puis fâchée, des émotions qu'elle avait vite retournées contre elle-même. Elle voulait lui reprocher d'avoir manqué de générosité, mais elle ne pouvait s'en prendre qu'à elle. Elle aimait Mick. Elle était la cause de sa souffrance.

Plus tôt dans la journée, elle s'était occupée du potager, en guerre contre les punaises qui attaquaient ses concombres. L'oignon rocambole était de plus en plus rocambolesque. Les haricots grimpants grimpaient jusqu'à la clôture grillagée et certains atteignaient les tiges de tournesols. Elle avait salué un serpent des blés qui faisait la sieste sur le tas de compost, un animal docile sauf en présence de ses ennemis rongeurs, des qualités qui lui rappelaient Mick. Il l'aurait sûrement apprivoisé.

Ils se connaissaient depuis le lycée et s'étaient mariés jeunes. Malgré un haut pourcentage d'infidélité au sein des couples militaires, le sujet n'était jamais abordé pendant la Journée des familles de l'unité ou les séminaires "Résilience des conjoints". Les femmes en parlaient en privé dans leurs appartements étriqués. Peggy avait toujours eu de la peine pour elles, sans se soucier de savoir qui trompait qui, et pensait que ça ne lui arriverait jamais. Maintenant elle se jugeait avec d'autant plus de sévérité qu'elle condamnait autrefois les autres femmes. Elle était devenue le genre de personne qu'elle méprisait – déloyale, traîtresse, Judas.

Arrête, pensa-t-elle, et essaie de positiver. Mais il n'y avait aucune échappatoire à ses pensées ou aux changements imprimés dans son corps. Elle ne pouvait pas boire pour noyer son chagrin et elle ne pouvait pas se tourner vers Mick. Tous ses meilleurs souvenirs étaient liés à lui. Ils étaient partis une fois en vacances sur la côte amalfitaine où le sel de la Méditerranée faisait flotter leurs corps. Ils buvaient du vin l'après-midi et mangeaient du poisson et des pâtes tard le soir. La montagne derrière l'hôtel était spectaculaire. Ils avaient pris un bus pour Ravello, cinq kilomètres de lacets périlleux. La circulation semblait chorégraphiée – des voitures s'évitant de justesse, des scooters passant dans des trous de souris, des piétons traversant n'importe où. Les conducteurs italiens étaient soit les meilleurs du monde, soit les pires. Quand elle avait fait part de cette observation à Mick, il avait répondu que tout le monde disait ça partout, mais qu'en Italie c'était vraiment réellement vrai. L'expression "vraiment réellement vrai" avait intégré leur lexique personnel.

À présent Peggy avait peur. Peur pour elle, pour son couple et pour le bébé. Elle craignait un avenir morose – celui d'une femme sans emploi, enceinte et sans homme, un cliché de feuilleton télé. Elle improvisa un dîner avec du saumon congelé, des patates douces et un yaourt. Les protéines étaient recommandées et elle pouvait contrôler son régime. Au moins, le bébé serait en bonne santé.

Elle entendit le vieux pick-up dans l'allée et alla à la porte, écouta Mick racler ses bottes sur le porche. Elle ouvrit. Il avait l'air mélancolique, l'œil alerte, la mâchoire crispée. Elle recula vers le salon pour éviter de lui tourner le dos et envoyer un mauvais signal. Il lui tendit un pot de confiture avec une étiquette artisanale.

— Je t'ai apporté ça, dit-il. Une des fermes familiales des Ronzo, je sais plus laquelle, fait des fruits rouges.

— Odie et toute la clique, dit-elle. Merci.

Elle emporta le pot dans la cuisine et s'attarda devant l'évier. Elle se sentait fragile, mais il fallait qu'elle soit forte pour eux deux. Elle le retrouva au milieu du salon, parcourant lentement la pièce du regard, se réacclimatant à sa maison – le canapé, leurs deux fauteuils, l'établi de cordonnier reconverti en table basse, les photos au mur de leurs voyages en Europe. Il s'assit dans son fauteuil et elle opta pour le canapé.

— Je suis contente que tu sois venu, dit-elle.

— Tu veux un divorce ?

— Non.

— Tu as fait ça pour que je te quitte ?

— Non, pas du tout.

Il hocha la tête et elle attendit. Le côté direct de Mick était sa meilleure qualité et son pire défaut, synonyme de manque de tact ou de diplomatie, un trait familial. Ils s'étaient mis d'accord depuis longtemps pour qu'il n'emploie jamais ses techniques d'interrogatoire sur elle. Elle espérait que la promesse tenait toujours mais ne se faisait aucune illusion, ayant trahi sa confiance.

— Comment tu te sens ? dit-il.

— Très fatiguée. Toi ?

— Pas trop mal. Linda me fait courir dans tous les sens.

Après un bref silence ils prononcèrent en même temps le nom de l'autre puis se ravisèrent. Elle tira un coussin sous son bras.

— Vas-y, dit-elle. Toi d'abord.

— Je veux tout savoir.

— C'était un collègue au boulot. Il me faisait de l'œil depuis des mois, les regards de la tête aux pieds, les petites remarques, tout ça. Tu vois ce que je veux dire. Moi, je l'ignorais. Il flirtait. C'était des conneries de collégiens. Rien de méchant. Une bête façon de tuer l'ennui. Son attention me flattait. Je me sentais plus jeune.

Il hocha la tête, concentrant son regard sur le mur derrière Peggy dans l'espoir que l'absence de contact visuel l'encourage à continuer.

— Ne me fais pas ce coup-là. Tu peux me regarder.

— OK, dit-il en la fixant droit dans les yeux. Comment c'est arrivé ?

— Un jour Lowe's a fermé pour inventaire et on comptait la peinture tous les deux. Chaque pot, chaque couleur. On s'est mis à parler. Pas à flirter, juste à parler. Il jouait dans un groupe et il était toujours fauché. Il était marié et il le regrettait. Sa femme avait pris du poids et elle ne se trouvait plus attirante. Ils n'avaient pas couché ensemble depuis un an. Il m'a embrassée et j'ai dit non. Je l'ai repoussé, Mick. Vraiment. Quelques jours plus tard il m'a réembrassée. J'ai eu de la peine pour lui. Ça s'est passé, voilà.

— Combien de fois ? dit-il.

— Trois.

— Pourquoi t'as arrêté ?

— C'était pas correct. Je le savais, mais je ne savais pas comment arrêter. Je suis désolée, Mick. C'était mal. Je ne sais pas ce qui s'est passé. Rien de tout ça ne paraissait réel. Tu étais parti depuis trop longtemps et je n'aimais pas ma vie. Ça n'avait rien à voir avec lui. C'était comme si je voulais être quelqu'un d'autre. Quelqu'un d'autre avec une autre vie. C'était tellement idiot.

Elle le regarda rouler ses épaules pour relâcher la tension, puis pencher la tête jusqu'à se faire craquer la nuque. Il faisait des efforts et elle lui en était reconnaissante.

— Il vit où ? dit-il.

— Owingsville.

— Tu l'as amené ici ?

— Non, jamais. C'était au travail quand tout le monde était parti.

— À la scierie ? Où ça, sur un tas de contreplaqué ?

— Ils vendent des meubles de jardin.

— Oh, Peggy.

Le ton n'était plus aussi cassant qu'au début, une légère inflexion qui lui donna une lueur d'espoir. Elle fut prise d'une faim soudaine. En Italie les gens déjeunaient puis ils parlaient affaire autour de minuscules tasses de café, le repas ayant atténué toute animosité entre eux. Elle regretta qu'ils n'aient pas fait pareil.

— Tu as faim ? dit-elle.

— Non. Tu lui as dit que tu étais enceinte ?

— Oui. Il a démissionné le jour même. Je ne l'ai jamais revu.

— Et le test de paternité ?

C'était la question qu'elle redoutait. Plus elle mettrait de temps à répondre, plus il devinerait la réponse et pourrait s'y préparer. Trop attendre serait cruel.

— Pas le tien, dit-elle.

Il resta immobile. Il ne savait pas si deux minutes passèrent ou vingt ou une heure. Ses yeux commencèrent à piquer et il comprit qu'il avait besoin de les cligner. Il regarda ses mains posées sur ses jambes comme si elles appartenaient à quelqu'un d'autre, des outils mis de côté pour un usage futur. Deux fois il essaya de parler mais il avait la gorge nouée.

— Je suis désolée, dit-elle.

— Je te faisais confiance.

— Tu peux encore.

— Comment ?

Elle ne répondit pas. Mick comprit qu'elle n'avait pas encore pensé à ça – à la portée de son acte sur lui. Il la connaissait, savait qu'elle s'était focalisée sur sa propre culpabilité et sa peine, ignorant les conséquences pour lui. C'était pour ça qu'elle ne lui avait rien dit.

— Qu'est-ce que tu vas faire ? dit-il.

— Je ne sais pas.

— Pas facile d'élever l'enfant d'un autre. Un homme que tu connais à peine. Le genre d'homme qui baise la femme d'un autre pendant qu'il est pas là.

— Ce n'est pas génétique.

— Ah ouais ? Qu'est-ce que tu sais de lui ? De sa famille ? Rien. Tu sais que dalle sur ce bébé en toi. Un musicien qu'a trouvé un bon parti et une mauvaise maîtresse.

Il vit une vague de colère crisper le visage de Peggy. Ce n'était pas une vengeance qu'il voulait lui infliger mais autre chose. Il voulait qu'elle prenne toute la mesure de la situation dans laquelle elle l'avait mis. Ils avaient navigué à vue pendant leurs douze années de mariage, prenant chaque fois la meilleure décision possible en se basant sur les informations à leur disposition. Et puis elle avait tout jeté aux orties. Un calme de champ de bataille s'empara de lui. Sa perception s'aiguisa.

— Qu'est-ce que tu veux, toi ? dit-elle.

— C'est un peu tard pour penser à moi.

— Non, ça ne l'est pas.

— Tu n'as pas pensé à moi il y a huit mois.

— Si, j'ai pensé à toi.

— Tu peux arrêter de me contredire systématiquement ?

— Ce n'est pas ce que je fais.

— C'est pas le moment de chicaner, Peggy. On parle pas de l'emplacement du canapé ou d'un modèle de porte moustiquaire.

— C'est une contre-porte.

— Le porche a une porte moustiquaire, merde.

Le visage de Peggy reflétait la satisfaction de l'avoir mis en colère. Il savait que ça signifiait qu'elle était tellement fâchée contre elle-même qu'elle voulait qu'il le soit aussi. Mais ce n'était pas de la colère qu'il éprouvait, plutôt du désarroi et de la déception.

— Qu'est-ce que tu vas faire ? dit-il.

— Tu veux que je choisisse, Mick ? C'est ça ? Abandonner le bébé et te garder toi ? C'est toi ou le bébé ? C'est ça que tu veux ?

Sa rafale de questions fermées, faciles à ignorer, le laissa de marbre. C'était une technique de contrôle : poser une question en ne présentant que deux réponses possibles. Les avocats et les journalistes faisaient ça tous les jours. De même que les mauvais interrogateurs. En un sens, elle se parlait à elle-même.

— Qu'est-ce que je dois faire ? dit-elle.

— C'est ton corps. Ta vie.

— C'est ta vie, aussi.

— Pas exactement. Plus maintenant.

— Qu'est-ce que ça signifie ? Tu me quittes ?

— Ce que ça signifie, dit-il lentement, c'est que je ne sais pas ce que tu as en tête depuis le début. Je ne vois pas quel est ton plan.

— Ma famille pense que l'enfant est de toi. Maman vient me voir tous les deux jours. Là, elle ne vient plus parce que tu es rentré. Je ne peux pas lui dire la vérité. Personne d'autre ne sait à part toi.

Il la regarda comme s'il effectuait une reconnaissance aux jumelles. Elle avait le corps de côté, les bras repliés sur la poitrine, les jambes croisées.

— Au début, dit-elle, j'ai décidé d'avoir le bébé et de l'abandonner avant ton retour. J'aurais raconté à tout le monde qu'il était mort-né. Ensuite j'ai eu peur que tu rentres plus tôt. Je ne pouvais pas te parler au téléphone parce que j'avais peur de te le dire et je ne voulais pas que tu rentres en ruminant tout ça. Et puis Linda t'a appelé.

Elle changea de position, dirigeant son corps vers lui et tendant le bras sur un coussin. Mick reconnut dans ses mouvements le soulagement de tout lui avoir raconté. Il la croyait. Il hocha de nouveau la tête.

— Et maintenant ? Tu comptes faire quoi ?

— Aller à Lexington et abandonner le bébé. Je peux dormir chez Tatie Fran. Elle ne dira rien à personne.

Il hocha la tête et se leva.

— Il faut que j'y aille, dit-il.

Il sortit et elle entendit le vieux moteur V6 toussoter deux fois puis démarrer dans un rugissement. Soudain, la maison était de nouveau à elle – plus grande, en un sens. La présence psychique de Mick emplissait n'importe quel espace fermé mais jamais la forêt, le désert ou la plage. Dans ces endroits-là, il semblait disparaître et passer inaperçu parmi les gens et les animaux. Elle n'avait jamais compris ce phénomène.

Peggy ne s'était pas sentie aussi bien depuis des mois. Elle avait redouté la réaction de Mick et la scène était désormais derrière elle. Il avait été plus calme que ce qu'elle avait anticipé. Elle avait oublié sa nature, le pragmatisme dépassionné dont il faisait preuve devant tout problème, grand ou petit. Le plus dur était passé. Le soulagement la libéra d'un poids qu'elle n'identifia qu'une fois disparu.

Cacher des choses à Mick lui avait fait plus de mal à elle qu'à lui, créant une distance en elle-même qui trouvait son expression entre eux deux. Elle s'était toujours reposée sur lui pour la faire revenir à elle-même. Parler avait soulagé son angoisse et lui avait donné une énergie renouvelée.

Elle se déplaça jusqu'à la table d'appoint du canapé et appela Tatie Fran. Tandis que le téléphone sonnait elle commença une liste mentale de tâches ménagères. Elle avait laissé les choses lui échapper. Voir la maison à travers les yeux de Mick avait tout mis en relief – une couche de poussière, des miettes de chips sur la moquette, des assiettes sales datant de plusieurs jours. Elle allait ouvrir les fenêtres et aérer la maison.

20

MICK se sentait comme une coquille vide, comme s'il était en dehors de son corps et regardait un autre occuper sa vie. Ce n'était pas lui qui conduisait le pick-up, mais l'autre personne, l'autre Mick. Il était en colère, fatigué et perdu. Ce qu'il redoutait était vrai, ce à quoi il avait évité de penser. Le bébé n'était pas de lui.

Un fragment de son esprit aurait préféré ne jamais être rentré tandis qu'un autre aurait préféré ne jamais avoir quitté le Kentucky. Il se demanda où il était chez lui désormais, ce que signifiait être chez soi. Pas dans la maison qu'il avait achetée avec sa femme, pas dans la cabane de son Papaw, pas dans les bases où il avait vécu à l'étranger. Il vivait avec un sac de toile contenant deux tenues de rechange, des chaussettes et des caleçons. Il ne se souvenait pas de la dernière fois où il avait vécu quelque part assez longtemps pour équiper le placard de la salle de bains de mousse à raser et d'une brosse à dents. Lors de sa dernière permission à Morehead, il avait accroché une trousse de toilette en nylon à un crochet de serviette.

Peut-être que s'il avait pris la peine de la défaire et de s'installer, Peggy n'aurait pas eu ces envies d'ailleurs après son départ.

À l'extrémité est de la ville, il s'arrêta devant un chantier engagé par le comté. Les ouvriers avaient fini leur journée. Les matériaux de construction étaient posés sur des palettes. À côté, on avait installé une benne à ordures de la taille d'un wagon de train qui fuyait par des trous de rouille au fond. Il sortit du pick-up et en fit deux fois le tour. Il avait l'impression qu'une partie de son esprit avait été désamarrée et qu'il risquait de partir à la dérive.

Il détacha le hayon et le referma brutalement, puis recommença trois fois, un geste futile en forme d'exutoire, mais pas suffisant. Sous la banquette il trouva une lourde clef à molette rouillée. Il rabaissa le hayon et s'acharna sur le bloc-moteur Ford jusqu'à avoir mal au bras et à l'épaule. La mâchoire de la clef se brisa sous l'impact et valsa sur le terrain vague. Il grimpa à l'arrière du pick-up, s'accroupit derrière le bloc-moteur, et poussa. Ses jambes tremblaient sous l'effort. Il sentit la tension dans ses bras et son dos. Le bloc-moteur patinait sur le métal dans un vacarme épouvantable, traçant des sillons sur le plateau et le hayon. Au prix d'un dernier effort, il le poussa hors du pick-up et fut emporté par son élan. Il atterrit sur le bloc-moteur, son corps drapé autour comme un linge. Il voulait pleurer mais ne savait pas comment faire. C'était comme un interrupteur caché en lui, hors de portée.

Il resta étendu sur le bloc-moteur pendant plusieurs minutes, reprenant son souffle. Il se leva lentement, soulagé qu'il n'y ait personne dans les parages. Ses vêtements étaient graisseux à cause du moteur, ses doigts engourdis à force de cogner avec la clef. Il se remit en route, récupéra la vieille US60 vers l'est, puis il enchaîna sur des petites routes à lacets, chaque section plus étroite que la précédente, jusqu'à quitter une route de gravier pour un chemin de terre. Il consulta la carte topographique. L'ancienne maison des Gibson était droit devant lui. Il roula jusqu'à ce que la route devienne une simple ravine. Il se gara et sortit son arme et un sac à dos contenant une gourde, un compas, un couteau, une corde et une trousse de secours.

À mesure qu'il avançait, le vallon devenait de plus en plus étroit et il finit par évoluer sous une canopée enchevêtrée de branches de pacaniers et d'érables. Un écureuil l'observait sans crainte, comme s'il n'avait jamais vu d'homme auparavant. Mick le salua de la main. La route disparaissait dans une épaisse forêt. Il contourna un roncier plus grand que lui et parvint à une vaste clairière à l'orée du vallon. Un emplacement idéal pour une maison, avec un terrain protégé des intempéries et une source naturelle jaillissant de la paroi rocheuse. Il perçut un mouvement et se figea. La chose bougea de nouveau, pâle et bleue, et il sut que ce n'était pas un animal. Il fila discrètement dans les bois, se redressa, et commença à décrire un cercle en restant juste à l'orée des arbres. Il tenait le pistolet à sa hanche.

La maison avait brûlé des années plus tôt et il n'en restait qu'une cheminée en pierre au milieu d'un rectangle de mauvaises herbes. Un homme en chemise de travail sonda la terre avec un bâton, puis il se leva et regarda droit vers Mick comme s'il était capable de voir à travers les feuillages. Mick fronça les sourcils, sachant qu'il était trop bien caché pour être vu. L'homme avança dans un rai de lumière et Mick reconnut le concierge. Il rangea son arme et traversa la clairière, écartant au passage les branches de vergerette qui marquaient un ancien fossé d'écoulement.

— Le bonjour, monsieur Tucker.

Tucker leva le menton et retourna dans l'ombre. Il avait une canne en chêne et un sac en jute. Mick scruta le sol en traversant les lieux. Aucune trace de feu de camp, aucun espace aplati signalant une couche. De l'herbe écrasée et une tige de fleur cassée net marquaient la limite est.

— Vous êtes arrivé par là ? dit Mick.

— Ouaip. J'ai cassé l'eupatoire qui t'intrigue, là.

— Je n'ai pas vu votre véhicule.

— Y a que huit cents mètres à marcher sur la crête.

— Vous cherchez le tueur, monsieur Tucker ?

— Nan. Je garde un œil sur neuf plants de ginseng. Faudra encore un an.

— Du côté des chênes là-bas ?

— Je dirai rien.

Les collines alentour étaient assez escarpées pour s'y râper le nez en grimpant, parsemées de pins et de virgiliers à bois jaune accrochés aux falaises de calcaire. Les seuls bruits étaient ceux d'une cigale lointaine et d'un geai bleu irrité par la présence d'humains. Un écureuil cria depuis la première fourche du chêne le plus proche. Mick le pointa du doigt.

— J'étais justement en train de penser à un écureuil qui se comportait comme s'il n'avait jamais vu un homme.

— Possible. Ils vivent dans les dix ou douze ans. J'ai connu un écureuil qu'a poussé jusqu'à vingt.

Mick songea à plusieurs réponses, puis décida de laisser couler. Inutile de débattre de l'espérance de vie des bêtes sauvages ou de ce qu'entendait Tucker par “connaître un écureuil”. Comment pouvait-on connaître un écureuil ? C'était à peine si on pouvait connaître un humain, même sa propre femme.

— C'étaient qui, ces gens ? dit-il. Les Gibson.

— Jerry et Gayle Gibson. Ils étaient vieux quand j'étais encore gamin. Quatorze enfants, ils ont eu. (Il désigna le sol.) Deux chambres juste là, une pour les garçons et une pour les filles. Monsieur et madame dormaient derrière.

— Qu'est-ce qui leur est arrivé ?

— Le typhus a emporté la moitié des enfants. Les autres, ils sont partis. Une seule route, et ils l'ont tous prise. Pas un seul est revenu.

— Un bel endroit avec une histoire brutale.

— Y a pas une colline ici qui peut pas en dire autant.

— Pas faux, dit Mick. Je vous dépose ?

— Merci, non. Plus rapide à pied.

Tucker hocha la tête dans un bref mouvement d'adieu et disparut dans la forêt comme si les arbres accueillaient un des leurs. Mick retourna à son pick-up en pensant à seize personnes vivant dans quatre pièces, les parents regardant leurs enfants mourir les uns après les autres.

Il quitta le vallon et traversa le comté par une série de petites routes. Après avoir consulté la carte, il suivit Lick Fork Creek jusqu'à un chemin de terre et s'arrêta devant la charpente d'un pont de singe qui s'était effondré dans la rivière. Il n'y avait aucun signe de passage récent. Il quitta son pick-up et descendit la pente, utilisant les arbustes pour ne pas tomber. Enfant, il avait développé une méthode pour descendre une colline, légèrement accroupi, un pied tendu en avant pour guider son corps dans les fourrés. Son poids était sur le pied arrière, positionné de biais pour faire office de frein. La sélection de la pente était cruciale – trop raide et il partait en avant dans une terrible culbute, trop douce et la gravité ne l'entraînait pas. Il avait eu l'idée en regardant une émission sur le surf. C'était son activité favorite quand il était petit.

Il traversa la Lick Fork à gué et grimpa la berge opposée jusqu'au terrain des Branham. Les histoires allaient bon train sur cette famille, trois sœurs qui vivaient ensemble : Gloria, Loretta et Candy. Plantureuses et célibataires, elles étaient courtisées par les hommes de trois comtés. On racontait que le pont branlant permettait aux trois femmes de distinguer les prétendants sérieux des plaisantins. Tout homme disposé à le traverser était animé de bonnes intentions. Une fois dedans avec les sœurs, on pouvait s'en donner à cœur joie, et apporter un bocal de tord-boyaux ne faisait jamais de mal. Les sœurs Branham étaient déjà parties à l'époque où Mick avait entendu parler d'elles. Candy avait mis les voiles avec un homme du comté d'Elliot qui n'avait rien contre ses oreilles pointues. Loretta avait fait un AVC et Gloria s'était occupée d'elle jusqu'à leur mort.

Une fois en haut de la berge, il fit le tour de la maison. Elle était étonnamment grande et il supposa que le constructeur avait abattu les arbres et scié les planches sur place. Le vent et les intempéries avaient déchiqueté le vieux toit en papier goudron. Quelqu'un avait posé une grande bassine sur la cheminée, mais le fond avait été rongé par la rouille et l'anneau métallique formait comme une alliance géante autour des pierres et du mortier. Un mocassin à tête cuivrée prenait le soleil juste à l'orée de l'ombre comme s'il était trop paresseux pour aller plus loin. Mick lui adressa un signe de tête, et le serpent darda sa langue face à l'odeur d'humain.

Il continua sa reconnaissance autour de la maison et inspecta chaque fenêtre cassée. Une fois certain que la structure était vide, il entra par la porte de derrière. De longs tunnels de terre bâtis par des guêpes maçonnes s'accrochaient aux murs. Les pièces contenaient des éclats de meubles, quatre nids d'écureuil, plusieurs mues de serpents, et les os éparpillés de souris et de rats des champs. Tout ce qui avait la moindre valeur avait disparu. Les fenêtres n'avaient plus de poignées. Une épaisse couche de poussière intacte recouvrait chaque surface. Personne n'était venu ici depuis des années, certainement pas un tueur en cavale.

Mick retourna à son pick-up et roula vers la ville. Le prochain lieu sur sa liste était proche, mais sa géographie était incompréhensible. Il fallait décrire une boucle autour de Morehead, Triplett Creek et Clack Mountain. Il s'arrêta prendre de l'essence. Pendant que le réservoir se remplissait, il sortit son téléphone de la boîte à gants. Sa sœur avait appelé deux fois et envoyé un message pour lui demander de la joindre. Il rappela et tomba sur le répondeur.

Il essaya encore deux fois en roulant vers Morehead, mais la configuration du terrain l'empêchait de capter un signal. En approchant de la ville il vit une voiture garée dans un champ piétiné le long de la route. Un homme faisait les cent pas sur un cercle restreint, les yeux vers le ciel, une main à l'oreille. Mick s'arrêta et appela sa sœur. Deux sonneries, puis il perdit le réseau. Il avança dans le champ et essaya encore. L'autre homme termina son appel et s'approcha de lui.

— Faut vous mettre en face de ce noyer, dit-il, ensuite tourner légèrement à droite et faire quelques pas. Là, vous pourrez passer un appel.

— Merci.

— Saletés de trucs. D'abord ils vous font devenir accro. Ensuite ils font grimper les prix plus haut qu'un chat hérissé et ils changent les câbles pour qu'il faille toujours en racheter un nouveau. Et ensuite cette saloperie ne marche pas.

— C'est une laisse, voilà ce que c'est.

— Avant on avait une ligne partagée, dit l'homme. Chaque maison dans le vallon sur la même ligne de téléphone. Personne ne disait rien à personne parce que tous les autres écoutaient.

Mick suivit le conseil de l'homme et parvint à joindre Linda. La liaison était mauvaise, la voix de sa sœur brouillée et pleine de parasites. Il put discerner un nom de rue et l'anxiété dans son intonation.

21

Mick rejoignit la ville et prit Second Street vers le nord jusqu'à Knapp Avenue, surpris de voir à quel point cette dernière s'était étendue au fil des années. De nouvelles maisons en brique étaient nichées à flanc de colline. Des bandes de terre sèche déposée par les inondations empiétaient sur le bitume. Mick longea de gros amas de buissons arrachés, de souches et de cailloux. Un grand camion à plateau transportant des rondins gronda dans la rue, son chargement vacillant, et Mick fit une embardée dans le jardin d'un riverain par précaution. Plusieurs ornières dans la pelouse ravagée indiquaient que d'autres conducteurs avaient fait pareil.

Parvenu à un croisement, il vit les gyrophares des secours à sa gauche, bifurqua vers eux et se rangea à bonne distance. Deux voitures de police, dont le 4x4 noir de sa sœur, étaient garées dans le jardin à côté d'une ambulance. Un policier de la ville faisait la circulation tandis qu'un autre gardait l'entrée d'une petite maison en brique jaune. Mick demanda le shérif Hardin.

— Occupée, dit le policier.

— Johnny Boy Tolliver, alors.

— Pas encore là.

Une voiture arriva, un modèle basique de facture récente. Marquis Sledge, le croque-mort, en descendit et marcha lentement vers la maison, le port droit et la tête légèrement inclinée comme l'exigeait son poste de coroner du comté.

— Salut, Marquis, dit Mick.

— Mick, répondit-il avec une gravité toute professionnelle.

— Vous le connaissez ? dit le policier à Marquis.

— Frère de Linda. Il est réglo. Adjoint officieux.

Mick suivit Marquis dans un salon où un canapé et deux fauteuils flanquaient un tapis élimé. Tanner Curtis était étendu sur le dos avec trois impacts de balles dans le torse. Le sang avait détrempé ses vêtements et suintait par terre, s'infiltrant entre les lattes du plancher. Ses yeux ouverts et sans vie fixaient le plafond. Mick se souvint du jeune homme nerveux qu'il avait interrogé en prison, puis chassa aussitôt l'image de Tanner Curtis vivant. Son statut était passé à celui d'objet inanimé.

Marquis examina le corps tandis que Mick arpentait la pièce, cataloguant mentalement son contenu. Une étagère de bibelots montée sur équerres arborant quatre canards en céramique. Une bibliothèque avec une bible, quatre albums souvenir du lycée, neuf romans à l'eau de rose et un guide pour l'élevage des poules. Une série de photos aux murs, Tanner bébé, des photos de classe du primaire à la fin du lycée, et plusieurs portraits de groupe pris à des mariages et des réunions de famille. Tout le monde se ressemblait sauf lui. Tanner figurait sur une photo de cousins adolescents endimanchés, mais il se tenait à l'écart comme si les six autres jeunes s'étaient éloignés de lui. Ou lui d'eux.

Des bribes de conversation leur parvinrent depuis le couloir – la voix angoissée de sa sœur et celle d'un homme, tremblante et haut perchée. Derrière le brouhaha, on entendait onduler les pleurs d'une femme. Marquis constata officiellement le décès de Tanner Curtis, adressa un signe de tête à Mick et s'en alla. Seul, Mick s'accroupit à côté du corps. Trois petites lésions, sans doute causées par une arme de poing. Un orifice dans la chemise de Curtis était entouré d'une épaisse couche de suie indiquant un tir à bout portant. Légèrement plus bas sur sa poitrine, un autre orifice présentait une collerette plus discrète de résidu moucheté. La troisième plaie d'entrée n'avait pas laissé d'autre trace que de minces filets de sang sur la chemise.

Une porte claqua à l'autre bout du couloir et Mick vit sa sœur escorter les parents de Tanner par la porte de derrière, le visage stoïque. Ils étaient penchés l'un contre l'autre comme deux chevaux de trait essayant mutuellement de soulager leur charge. Mick alla se poster à la fenêtre et regarda Linda les confier à un policier. Elle revint dans la maison par la porte principale.

— C'est chez eux ? dit-il. Les parents de Tanner ?

— Ouais, c'est eux qui l'ont trouvé. Quel bordel.

— T'en as tiré quelque chose ?

— Non. Tanner vivait ici depuis qu'on l'a relâché. Ils étaient en train de faire des courses. Je crois pas qu'ils soient impliqués.

— Moi non plus, dit Mick. Je pense qu'il est allé ouvrir la porte et qu'on l'a abattu sur-le-champ. Une première balle à bout portant. Il a reculé ou commencé à tomber. Les deux balles suivantes ont été tirées d'un peu plus loin.

Il désigna un petit trou dans le mur, suffisamment récent pour qu'il reste de la poussière de plâtre au sol.

— Un autre tir manqué. Fouille un peu par ici et tu trouveras une balle.

— Elle aurait pas traversé le placo ?

— Peut-être, mais elle est proche du bord. À mon avis, elle s'est logée dans le cadre. Petit calibre. Je n'ai pas retourné le corps mais tout ce sang vient de l'orifice de sortie dans le dos. Les balles n'ont pas rebondi à l'intérieur du corps. Le tueur a utilisé une arme qui traînait dans la maison ou qu'il gardait dans son véhicule.

— Autre chose ?

— Marquis est venu et reparti. Tu en sauras plus quand il en aura fini avec le corps. Quelqu'un dans cette rue a vu le véhicule du tueur.

— Je vais envoyer les policiers faire la tournée du voisinage.

— Bien.

— J'ai chargé Johnny Boy de refouiller la maison de Tanner. (Elle regarda le corps, le visage chagriné.) Si je l'avais gardé en taule, il serait encore en vie.

— Il n'aurait pas dû être arrêté au départ. C'est la faute du mec du FBI, pas la tienne.

Deux jeunes secouristes entrèrent avec une civière pliante sur roulettes et s'attelèrent à leur tâche macabre. Mick et Linda sortirent. La soudaine lumière illuminant la jolie rue semblait injuste, un affront aux circonstances. Un nouveau camion chargé de bois d'où s'échappaient des brindilles et des morceaux d'écorce passa devant eux. Il ralentit devant l'agglomérat de voitures de police et empiéta sur le jardin d'un voisin.

— Ils abattent des arbres par là-bas ? dit Mick.

— Ouais. Toute la rue est furax. On a eu des crues subites. Un chien mort. Des dégâts sur les terrains. Deux jeunes à deux doigts de se faire écraser. Le maire dit que l'abattage est légal. Il peut pas empêcher les gens de récolter sur leur propriété.

— Ils déboisent les flancs de colline et ils appellent ça récolter ?

— Le bois de construction, c'est de la récolte, dit-elle. (Elle désigna la graisse sur ses vêtements.) Où tu t'es sali comme ça ?

— Je faisais un câlin à un vieux bloc-moteur.

Le téléphone de Linda vibra dans sa poche. Elle répondit et écouta moins d'une minute.

— Amène-le en garde à vue, dit-elle. Je te rejoins dans dix minutes.

Elle mit fin à l'appel et jura en faisant rouler ses épaules pour soulager une tension qui n'avait aucune envie de s'en aller.

— Quelqu'un vient d'avouer le meurtre de Tanner, dit-elle. Johnny Boy le ramène au bureau.

— Et pas à la prison ?

— Non, je dois d'abord entendre son histoire. Je ne veux pas coffrer le mauvais mec une deuxième fois.

— Tu veux que je t'accompagne ?

— Ouais, mais fini les conversations secrètes.

Il hocha la tête et regarda deux étourneaux tournoyer autour d'une cheminée de l'autre côté de la rue. La maison avait une petite clôture décorative et il se demanda combien de gens avaient trébuché dessus en pleine nuit.

— J'ai parlé à Peggy, dit-il.

— Pas trop tôt.

— Tu connaissais toute la situation ?

Elle secoua la tête.

— C'est assez délicat, dit-il.

— Vu comme vous vous comportiez tous les deux, j'avais compris.

— C'est…

Il hésita, rechignant à prononcer les mots tout haut. Il ignorait pourquoi. Ça n'avait aucun sens.

— L'enfant n'est pas de moi, dit-il.

— C'est ce que je craignais. C'est quoi son problème, bordel ?

— Elle est toute chamboulée.

— Et toi ?

— Ça me plaît pas beaucoup.

Elle le regarda avec un air compatissant qu'il ne se rappelait pas avoir déjà vu chez elle depuis qu'ils étaient adultes.

— Je suis désolée, Mick.

— Ouais. Allons voir ce qu'a trouvé Johnny Boy.

Il monta dans son pick-up et roula le plus lentement possible, en se forçant à admirer les collines, les fleurs dans les jardins, les arbres d'ornement plantés devant les maisons. Une d'entre elles avait une treille couverte de lianes de volubilis. C'était une jolie rue. Elle finirait par se remettre du meurtre, mais pas du déboisement de la colline.

22

Johnny Boy n'était pas sûr de la procédure à suivre, notamment s'il fallait menotter le suspect ou pas. Il connaissait Bobby et son frère Billy depuis toujours. Ils habitaient juste en face de chez lui, de l'autre côté de la rivière. Dix mois séparaient les deux frères et ils étaient toujours fourrés ensemble. Les gens les appelaient "Bobby et Billy" même s'ils ne parlaient que d'un seul des deux.

Johnny Boy ne menotta pas Bobby mais s'assit à l'autre bout de la pièce et le regarda pleurer, affalé sur une chaise. Il avait la même taille et la même carrure que Johnny Boy et il était habillé pareil que lui à l'exception de la chemise. Même leurs cheveux étaient de couleur et de longueur identiques. Johnny Boy avait la drôle de sensation qu'avec quelques changements Bobby pourrait être le flic et lui le gardé à vue.

Johnny Boy lui donna une bouteille de Dr Pepper, la dernière du mini-frigo, espérant que Bobby apprécie le geste. La bouteille était posée sur la table à côté d'un rouleau de papier toilette, que Bobby utilisait pour se moucher et s'essuyer le visage à intervalles réguliers. Johnny Boy nota dans un coin de sa tête de demander une provision de Kleenex à avoir sous la main. Comme de nombreux hommes dans les collines, il gardait un mouchoir dans sa poche de pantalon, en coton rouge, acheté en pack de trois à la pharmacie. Le tissu était imprégné de sa sueur et il ne trouvait pas ça correct de le donner à un autre.

— Tu veux que j'appelle quelqu'un ? dit Johnny Boy. Ton frère ?

Bobby secoua la tête.

— Tu es sûr de ce que tu m'as dit ?

Bobby hocha la tête.

— Quand le shérif va arriver, faudra lui dire à elle aussi.

Cette information déclencha un nouveau flot de larmes qui coulèrent sur le visage de Bobby comme si un joint d'étanchéité avait cédé dans sa tête. Johnny Boy détourna le regard. Il avait vu des hommes pleurer deux fois dans sa vie et ça ne lui avait pas plu car il avait eu envie de pleurer à son tour. Les larmes avaient le même effet sur lui qu'un bâillement. Pour se distraire, il passa en revue les formalités à régler – nom, adresse, numéro de Sécurité sociale, profession. Où en était Bobby question travail ?

— Hé, Bobby, dit-il. Tu es toujours au garage d'Henry ?

Bobby leva la tête, révélant des joues humides avec un filet qui se préparait soit à goutter de son visage, soit à couler sous son menton. Johnny Boy se demanda comment les larmes faisaient pour défier la gravité. Peut-être que c'était le sel.

— T'as un problème avec tes freins ? dit Bobby. Je bosse toujours un peu chez moi. Tu peux venir me voir.

— Y a pas meilleur que toi dans le comté pour les freins.

— C'est pas ce que pensait Henry.

— Il t'a viré ?

— Nan. J'ai demandé une augmentation. Trente cents de l'heure, c'est tout ce que je voulais. Il m'a diminué mes heures et j'ai démissionné. Peux pas bosser pour un type pareil.

— Pas faux.

La porte d'entrée s'ouvrit et Johnny Boy se leva d'un bond. Linda et son frère entrèrent. Elle avisa le visage gonflé et baigné de larmes de Bobby et fusilla son adjoint du regard.

— Tu l'as frappé ? dit-elle.

— Je n'ai pas porté atteinte à l'intégrité physique du prisonnier.

— Viens, on va causer une minute, toi et moi.

Johnny Boy la suivit dans son bureau, laissant Mick avec le prisonnier, ou suspect, ou Dieu savait quoi. Le pleureur. Le tueur-réparateur de freins. Linda ferma la porte et parla à voix basse.

— C'est lequel des deux ? dit-elle.

— Bobby.

— T'es sûr ?

— Ouais, Billy c'est le grand.

— C'est vrai, dit-elle en hochant la tête. Dis-moi ce qui s'est passé.

— Je me suis rendu à la maison de Tanner comme tu me l'as ordonné. La porte n'était pas fermée à clef. Je me suis introduit dans le domicile et j'ai surpris un intrus.

— Parle juste normalement.

Avec un soupir affecté, Johnny Boy poursuivit :

— J'ai trouvé Bobby qui farfouillait. Je lui ai demandé ce qu'il faisait. Il m'a dit qu'il avait tué Tanner. Puis il s'est mis à pleurer et il s'est plus arrêté. Je t'ai appelée et je l'ai amené ici.

— Il a dit autre chose ?

— Il a proposé de réparer mes freins.

Ils retournèrent dans le hall principal, où Mick emmenait Bobby aux toilettes des hommes et lui disait de se laver le visage. Quand la petite porte se ferma, Mick resta devant, assez près pour entendre l'eau couler du robinet.

— Alors ? dit-il à sa sœur.

— Bobby Renfro, dit Linda. Il a avoué.

— Tu veux que je lui parle ?

— Il est tout à toi.

Au bout de quelques minutes Bobby émergea. Ils s'installèrent dans le bureau, Mick à côté de Bobby, sans aucun meuble entre eux. Linda et Johnny Boy s'assirent contre le mur avec un magnétophone.

— T'as faim ? dit Mick.

— Non, dit Bobby. Et toi ?

— Pas maintenant, merci. Tu sais pourquoi t'es là ?

— J'ai tué Tanner.

— OK. On va rembobiner un peu. Tu le connaissais ?

— Je savais qui c'était. Tout le monde le sait. J'ai bossé sur la voiture de son père.

— Tu t'es disputé avec lui ? Quelque chose comme ça ?

— Non. J'ai appris qu'il était chez ses parents. Puis je les ai vus au supermarché tous les deux et j'ai su qu'il était seul.

— Et après ?
— Je suis allé chez eux.
— Tu as pris une arme ?
— Ouais.
— Quelle sorte ?
— Un petit Colt .22. Ça vaut pas un clou comme arme.
Mick laissa ces mots flotter en l'air comme une feuille dérivant vers la terre.
— Donc tu es allé chez ses parents, dit Mick. Y avait quelqu'un avec toi ?
— Non, juste moi.
— Quelqu'un savait que t'y allais ?
— Non. Je suis allé là-bas direct depuis le magasin. Il a ouvert la porte et je lui ai collé quatre balles, et puis j'ai mis les voiles.
— T'es allé où ensuite ?
— Chez lui.
— Pourquoi ?
Bobby ferma les yeux, son léger mouvement de paupières libérant de nouvelles larmes.
— Respire à fond, dit Mick. Je sais que t'es chamboulé. Mais plus vite on en aura fini, plus vite tu pourras te remettre à pleurer. OK, Bobby ? Tu vas essayer ?
Bobby hocha la tête et emplit ses poumons d'une inspiration théâtrale. Il leva les sourcils vers Mick comme pour avoir confirmation qu'il avait fait comme il fallait.
— Bien, dit Mick. Souffle doucement, puis recommence deux fois.
Bobby obéit et s'essuya le visage du revers de la main.
— Tu es allé chez Tanner, dit Mick. T'avais une raison ?
— Ouais. Je cherchais des photos de lui et Nonnie.

— Pourquoi ça ?

— Pour les déchirer.

— Tu connaissais Nonnie ?

Bobby hocha la tête, la lèvre tremblante. Mick se pencha vers lui et dit doucement :

— Dis-moi comment tu la connaissais.

— Du lycée. Elle était gentille avec moi. On est, euh… allés dans les bois une fois. Et, euh… on l'a fait.

— Tu l'as revue après ?

— Oui, deux fois.

— Trois fois en tout ?

— Ouais. Je pensais que ça voulait dire quelque chose. Pour moi ça voulait dire quelque chose. Puis elle s'est mariée avec l'autre Johnson, là, qui jouait de la guitare et roulait en Trans-Am.

— Donc c'était fini entre toi et elle.

— Ouais, pour de bon. Mon frère a essayé de me maquer avec une petite McGee. Y en avait plusieurs, toutes gentilles, mais je suis jamais allé au bout. Je pouvais pas être avec quelqu'un d'autre. Juste Nonnie.

— Tu tenais à elle.

— Je l'aimais, mec. Je l'aimais. Et l'Adopté l'a tuée. Alors je l'ai tué lui. Je le referais. Je le retuerais cent fois s'il fallait.

— OK, Bobby. Je comprends. Tu t'en sors comme un chef. Une dernière chose. Où est l'arme avec laquelle tu l'as tué ?

— Dans ma voiture.

Mick se tourna vers sa sœur, qui donna un coup de coude à Johnny Boy et lui lança un regard impérieux. Il quitta la pièce d'un air dépité.

— Bobby, dit Mick. Le shérif va t'emmener en prison maintenant. Elle est obligée.

— Ouais, je sais.

— Très bien. Si tu veux pleurer encore, te gêne pas. Vaudra mieux éviter, une fois en taule.

— Nan, dit Bobby. Je crois que j'ai fini.

— Allez, file. Faut que tu y ailles, maintenant.

Mick l'aida à se lever et Linda le conduisit à la porte. Mick décida d'attendre Johnny Boy. L'arme corroborerait les aveux et, si Johnny Boy n'arrivait pas à la trouver, Mick savait que ce serait à lui de s'y coller. Il parcourut du regard cette pièce où sa sœur passait le plus clair de son temps. Elle ne comportait aucun effet personnel, rien d'autre qu'un bureau et une chaise, des classeurs à tiroirs, et une photo du gouverneur imprimée sur une toile granuleuse. Dans un coin, le drapeau du Kentucky était suspendu à un mât de chêne. Il représentait deux hommes se serrant la main, l'un en costume sombre, symbolisant la capitale de l'État, l'autre vêtu de la tunique à franges des pionniers. La devise officielle du Kentucky entourait les deux hommes : L'UNION FAIT LA FORCE. Mick avait toujours trouvé cette image absurde. Aucun politicien ne serrait jamais la main d'un Appalachien, sauf pour entériner le vol des terres et des droits d'extraction.

Johnny Boy entra d'un pas lourd avec un petit revolver dans un sachet pour pièce à conviction.

— Posé sur le siège, dit-il.

— Fais examiner les mains et les vêtements de ce garçon pour trouver des résidus, dit Mick. Puis sors la balle de l'encadrement de la porte chez ses parents. Vois si elle correspond à l'arme.

— T'es pas mon chef.

— Je peux demander à Linda de te dire de le faire. Mais si tu t'y mets maintenant, elle sera impressionnée par ton initiative.

— J'essaie pas de l'impressionner.

— Rester là les bras croisés, ça risque de donner une mauvaise impression. J'essaie de t'aider. Si tu veux pas, je m'en balance.

Mick se dirigea vers la porte.

— Tu veux que je lui dise où tu vas ? dit Johnny Boy.

— À l'ancienne maison des Caudill.

— Y en a des tas, des Caudill. Ville, crête, ou vallon ?

— Tout à l'est. Je suis pas sûr où c'est. L'acte de propriété est au nom d'Augustus. Il est mort et sa femme a hérité. Trois enfants, Boyd, Virgil et Sara.

— Boyd Caudill, dit Johnny Boy en plissant le front. Attends une minute.

Johnny Boy posa le sachet avec le revolver sur le bureau de Linda et alla fouiller dans un tiroir. Il en tira un dossier écorné, le carton gonflé par des années d'humidité.

— Ouais, dit-il. C'est bien ça. Caudill, Boyd. Retrouvé mort il y a vingt-six ans, jamais élucidé.

Il passa le dossier à Mick qui feuilleta les pages dactylographiées. Rapport circonstancié. Interrogatoires. Suppléments d'enquête. Boyd avait un casier – deux infractions mineures pour état d'ivresse. Le document du coroner concluait à une mort par balle. Il était signé par Marquis Sledge Jr., père du titulaire actuel du poste.

— Pas grand-chose là-dedans, dit Mick.

— C'est ce qui est pas dedans qui compte.

Johnny Boy ouvrit un autre dossier et le lui tendit. Il était mince mais similaire – Rodale, William. Aucune arrestation préalable. Retrouvé mort. Un meurtre par balle non-élucidé huit mois après le décès de Caudill.

— Tu penses que c'est le même type qu'a tué les deux ? dit Mick.

— J'étais gamin quand c'est arrivé. Mais non, je ne pense pas que c'était le même tueur. La rumeur, c'est que Rodale a tué Boyd Caudill. Puis que Virgil, le petit frère de Boyd, a tué Rodale.

— Des preuves ?

— Non. Beaucoup de racontars, c'est tout. Mais juste après la mort de Rodale, Virgil a disparu. Personne ne l'a jamais revu.

— Assassiné, lui aussi ?

— On a jamais retrouvé le corps. C'était Troy Johnson qu'était shérif à l'époque. Aucun lien direct avec Nonnie. Ses notes sont là-dedans. Le véhicule de Virgil avait disparu. Deux jours plus tôt, il avait retiré un paquet d'argent à la banque. Troy pensait que Virgil avait tout planifié. Tué Rodale et quitté le comté.

— Il a jamais réapparu ?

— Quand sa mère est morte, Troy s'est pointé à l'enterrement pour coffrer Virgil, mais il n'est pas venu.

— La sœur vit encore là-bas ?

— Nan, après la mort de sa mère elle est partie dans l'Ohio. Son mari a trouvé du boulot à l'usine.

— Alors personne ne vit dans leur ancienne maison.

— Pas depuis une bonne vingtaine d'années. Une belle maison avec un joli emplacement sur une crête. Elle est toujours debout. Je peux te dire comment la trouver. Au lycée, c'est là qu'on allait boire des bières.

Mick écouta les indications de Johnny Boy et les mémorisa, surpris par leur précision. Il le remercia et s'apprêta à partir. Il s'arrêta à la porte.

— Hé, Johnny Boy. Comment tu sais tout ça ?

— Des fois y a pas grand-chose à faire ici. J'ai lu tous les vieux dossiers.

— Et tu les as appris par cœur ?

— T'aurais pas fait pareil ?

— Si. Beau boulot.

Mick s'en alla et Johnny Boy écouta le moteur du vieux pick-up rugir à mesure que Mick pompait sur l'accélérateur pour injecter du carburant dans le moteur. Les nouveaux modèles n'en avaient pas besoin. Comme tout le reste chez Mick, son véhicule était à l'ancienne. Johnny Boy se demanda ce qu'il se passait quand un homme à l'ancienne vieillissait. Est-ce que le temps finissait par le rattraper ?

Johnny Boy reparcourut les dossiers. Il avait un lien de parenté avec les Rodale, une information qu'il avait délibérément gardée pour lui. Si Virgil Caudill revenait un jour dans le comté de Rowan, ce serait à Johnny Boy de rétablir la balance.

23

Mick était en train de quitter le parking lorsqu'il vit le véhicule de sa sœur arriver face à lui. Il effectua un demi-tour complet, se rangea à côté d'elle et sortit du pick-up.

— Johnny Boy a trouvé l'arme, dit-il. Comment ça se passe pour l'expertise scientifique ?

— C'est la police d'État qui s'en charge. Mais ça fait des semaines qu'ils sont débordés. Tu le crois, Bobby ?

— Peut-être qu'il y a autre chose derrière, mais il ne ment pas.

— Trente ans, dit-elle. Ça fait beaucoup pour un amoureux transi au point de tuer.

— C'est le temps qu'il faut à un arbre pour grandir et se faire abattre.

— T'es expert en abattage, toi, maintenant.

— Non, je comprends les humains.

— Les autres, peut-être. Mais pas toi. Tu devrais essayer.

— Voilà. Il faut que je me trouve. Que je me mette au yoga et que je me reconnecte à ma base. C'est quoi qui te turlupine ?

— Les flics. Ils ont grandi avec Bobby. Y en a un qui dit que Tanner s'est sans doute suicidé.

— Peut-être. Peut-être que Bobby est venu lui coller deux balles de plus pour être sûr.

— Là, ils sont au téléphone avec Murvil Knox. Ça va pas lui plaire. Il m'a déjà passé une soufflante hier pour avoir relâché l'Adopté. Il m'a appelée chez moi.

— T'as fait ton travail, frangine.

— Des fois j'aime pas mon travail.

— Comme la plupart des gens.

— Toi non plus ?

— Essaie d'aller dans une caserne arrêter un mec de vingt ans fort comme un bœuf. C'est ça que je faisais au lieu d'être chez moi avec ma femme. Donc non, je n'aime pas mon travail. Je le fais bien, c'est tout.

Une voiture remplie d'adolescents passa devant eux, la musique rugissant par les fenêtres. Ils s'arrêtèrent sur le parking d'un fast-food et jaillirent de la voiture comme des bêtes sorties de l'enclos, trois garçons et trois filles. Quatre d'entre eux avaient les cheveux teints dans des couleurs criardes. Les deux autres, un garçon et une fille, arboraient une iroquoise courte dressée à la gomina comme la crête d'un grand-pic. Comme tous les rebelles de petite ville, ils se conformaient les uns aux autres. Mick se demanda qui possédait la voiture, qui payait l'essence et les teintures.

— Ces jeunes, dit-il. Ils sont libres comme des geais. T'as déjà fait des virées comme ça, toi ?

— Bien sûr. Brûler l'asphalte, comme on disait. Tu prends Main Street jusqu'à l'autre bout de la ville, tu reviens et tu recommences. Notre record, c'était quatre-vingt-treize allers-retours. On visait les cent, mais le conducteur a dû rentrer dîner chez lui. T'as jamais fait ça ?

— J'habitais trop loin pour avoir des copains. Des fois je me dis que c'est pour ça que je suis entré dans l'armée, pour me faire des amis.

Un Ford Explorer dernier cri aux vitres teintées entra au pas sur le parking. Il s'arrêta et l'agent spécial Wilson en sortit lentement. Il s'étira le dos comme un vieillard sortant du lit, puis inclina la nuque jusqu'à la faire craquer de chaque côté. Il avait une mine de papier mâché. Mick reconnut les signes d'une longue planque dans un véhicule. Ils se regardèrent tous les trois, attendant que quelqu'un parle.

— Shérif, dit Wilson. Il paraît que vous avez encore des ennuis.

— Et il paraît que vous êtes de surveillance sur l'Interstate. Vous avez appréhendé quelqu'un ?

— Non. Mon chef a fermé l'aire de repos. Ça fait deux dépenses en moins pour le contribuable : la maintenance du site et moi qui étais payé à rien faire.

— Sale coup pour les aveugles, dit Mick.

— Quoi ? dit Wilson.

— L'argent des distributeurs sur les aires de repos. Il va aux aveugles.

Wilson regarda Mick comme si c'était un chiot qui avait chié sur le porche, puis reporta son attention sur Linda.

— Maintenant je peux vous aider pour l'enquête, dit-il.

— Pas la peine, dit-elle.

— J'ai pour ordre de vous offrir une aide fédérale.

— La dernière personne que vous avez ramenée est morte.

— Vous n'auriez pas dû la relâcher.

Linda bondit sur lui comme propulsée par une catapulte, le visage rouge, les deux poings brandis. Mick s'interposa. Il enveloppa ses bras autour de sa sœur et la fit reculer sur le bitume.

— Lâche-moi, putain, Mick. Arrête ça.

Il la lâcha et leva les bras, les mains ouvertes.

— Ça vaut pas la peine, dit-il.

— Pour moi si.

— Tape-moi tant que tu veux, mais ne frappe pas un fédéral.

Elle s'efforça de retrouver son sang-froid, les mains tremblantes de rage. Elle commença un exercice de respiration lente qu'il reconnut de ses années adolescentes. Elle appelait ça le 5-3-6 : inspirer cinq secondes, retenir son souffle trois secondes, expirer six secondes. C'était un psychologue scolaire qui lui avait appris cette technique quand Linda s'était battue dans la cour de récré. Son adversaire, un garçon plus grand qu'elle, avait traité leur père d'ivrogne et elle lui avait cassé la gueule parce que c'était vrai. Plus tard, le garçon avait cherché à sortir avec elle.

La couleur de son visage revint à sa rougeur normale, résultat d'un trop-plein de soleil et de son refus de porter du maquillage ou de mettre de la crème solaire. Elle parla en serrant les dents.

— Sors-le-moi d'ici.

Mick hocha la tête et la regarda marcher vers le bureau. Il envisagea de prévenir Johnny Boy par un bref message, mais son téléphone était rangé dans la boîte à gants. Il se tourna vers Wilson, qui se tenait dans une position de boxeur.

— Vous en faites pas, dit-il. Vous êtes tranquille avec moi.

— Tentative d'agression sur un officier fédéral. Je pourrais la traîner en justice.

— Portez plainte et je dirai que c'est vous qui avez commencé.

— Vous feriez ça ? Vous mentiriez sous serment ?

— Pour elle, ouais.

La colère abandonna Wilson, lentement d'abord, puis d'une traite, comme une planche qui ploie sous un poids lourd avant de casser. Mick avait presque de la peine pour lui. Wilson non plus n'aimait pas son travail.

— Écoutez, dit-il. Vous avez coffré le mauvais bougre et maintenant il est mort. C'est pour le shérif que ça la fout mal, pas pour le FBI.

— Qui a tué Nonnie Johnson ?

— Je suis dessus.

— Laissez-moi vous aider.

— Pas une bonne idée.

— Votre sœur ne veut pas de moi et je n'ai pas non plus envie d'être là. J'ai besoin d'une grosse prise. Un meurtrier. Sinon je suis coincé ici et vous êtes coincés avec moi.

— Je garde ça dans un coin de ma tête.

Mick retourna à son pick-up et s'en alla.

Wilson se sentait pris au piège comme une souris qui n'a d'autre choix que de grignoter le bout de fromage. Il enviait la loyauté de Mick envers sa sœur. Wilson n'avait qu'un frère, de six ans son aîné, qui le persécutait sans relâche, qui était sorti de West Point dans le haut du panier et qui était mort en Afghanistan en dirigeant une patrouille. Il avait été enterré à Arlington avec vingt-et-un coups de canon. Leur mère avait reçu un drapeau plié et trois médailles posthumes. Elle était tombée en dépression tandis que son mari s'oubliait dans des journées de travail de dix-huit heures. Wilson avait toujours voulu faire des études d'histoire et devenir professeur. Au lieu de quoi, il était devenu officier de réserve à l'université de Louisville et avait été nommé second lieutenant.

Afin d'épargner une nouvelle perte potentielle à la famille, l'armée avait posté Wilson aux États-Unis. Murvil Knox, un ami de la famille, s'en était attribué le mérite et avait réclamé l'arrestation de Tanner Curtis en compensation. Wilson s'était exécuté. Il avait toujours obéi – à son frère, ses parents et son oncle. Il se détestait pour cette passivité congénitale.

Une sensation de désespoir l'enveloppa comme un patchwork en béton. Si son frère était revenu au pays, les choses auraient été différentes. Wilson aurait passé sa thèse et serait en voie de titularisation. Finalement, sa récompense pour ses prouesses académiques était d'être envoyé dans une bourgade qu'il n'aimait pas, forcé à obéir à des gens qui ne l'aimaient pas.

24

La mère de Peggy était une maniaque de l'ordre, un des nombreux aspects qui irritaient sa fille. Pendant sa visite, elles avaient mangé un muffin et bu un thé dans la petite cuisine, et la mère de Peggy n'avait laissé ni une miette ni une goutte. Elle s'était tapoté les lèvres avec une serviette qu'elle avait repliée ensuite. Peggy avait été contente qu'elle s'en aille. Sa mère n'avait jamais vu Mick d'un bon œil à cause de sa famille : parents divorcés, mère recluse, père alcoolique, grand-père ermite. Pour elle, Mick avait traîné Peggy hors du comté dans des endroits où elle n'avait pas sa place. La seule chose qu'elle mettait à son crédit était la grossesse. Enfin, avait-elle dit, Dieu merci.

Peggy essuya la table et rinça la vaisselle. Elle rangea les chaises comme si elle cherchait à dissimuler toute trace de la visite de sa mère. Elle craignait son jugement, qui arriverait fatalement, un assaut de silence entrecoupé de remarques d'une cruauté mesquine. Si seulement son père était encore en vie. Il était mort le jour de ses seize ans, la pire claque de sa vie. Trois ans plus tard Peggy épousait Mick.

À présent, à l'orée de ce qu'elle craignait être la fin de leur mariage, cela semblait significatif. Elle ne savait pas exactement en quoi. À l'époque, elle était jeune et emballée par l'aventure du voyage, qui l'avait vite lassée. Mick était un homme bien, aussi droit que son père, capable d'endurer la difficulté sans se plaindre. Il travaillait dur et revenait chez lui de bonne humeur. Même maintenant, alors qu'elle lui offrait assez de raisons d'être furieux, il tempérait sa colère. Un autre homme l'aurait traitée de salope, aurait hurlé et tapé du poing dans le mur. Un autre homme aurait fait étalage de ses émotions, ne serait-ce que pour montrer qu'il tenait à elle. Elle savait qu'il l'aimait, que sa loyauté resterait inaltérable.

Peggy n'avait jamais été du genre à se précipiter vers un bébé, à vouloir absolument le prendre dans ses bras, à s'extasier devant ses mains minuscules. Ses amies avec des enfants en bas âge étaient tout le temps fatiguées, elles râlaient beaucoup, leurs maisons étaient en désordre. Néanmoins, elle n'était pas convaincue de vouloir confier son bébé à l'adoption. Il poussait dans son corps, une pensée qui avait un côté absurde, mais la réalité concrète était une chose complètement différente. D'abord et avant tout, il était à elle, à elle seule. Elle sentait ses mouvements depuis trois mois, plus fréquents la nuit. Elle n'en avait parlé à personne. Elle ne voulait pas partager cette sensation exaltante avec son médecin, avec sa mère ou avec Mick. C'était son bébé.

Peggy était assise sur le canapé et jouait à un jeu sur son téléphone, à moitié endormie sur le coussin. Elle préférait le sommeil, le seul moment où elle pouvait oublier l'inconfort physique et les pensées qui l'assaillaient. On frappa deux coups à la porte, puis quelqu'un entra. C'était Linda.

— Oh, dit Linda. Désolée de te réveiller.

— Non, dit Peggy. C'est rien. Je me reposais juste un peu.

Linda posa un sac de nourriture mexicaine sur la table.

— Tu as toujours tes envies de tacos ?

— Je ne sais pas. Peut-être. Merci. Je viens de grignoter avec maman.

— Comment elle va ?

— Elle me tape sur les nerfs.

— Tu lui dis quoi, pour Mick qui dort à la cabane ?

— Pas grand-chose. Elle préfère venir quand il n'est pas là, de toute façon.

Linda s'installa dans son fauteuil habituel. Elle et Peggy avaient été proches à une époque, plus proches que maintenant en tout cas, et elle essayait de passer la voir deux fois par mois. Elle n'était pas venue depuis le retour de Mick. Apprendre qu'il n'était pas le père avait tout changé à ce que Linda avait pensé jusque-là. Elle comprenait que Peggy garde le secret, mais maintenant qu'elle savait, elle était mal à l'aise, comme si elle cachait des informations.

— Comment va Mick ? dit Peggy.

Linda réfléchit à sa réponse, puis elle réalisa qu'elles parlaient tout le temps de Mick. Jamais du travail de Linda, de la mère de Peggy ou des derniers potins. Juste de Mick. Linda se demanda si elle et Peggy avaient autre chose en commun.

— Il m'a dit que le bébé n'était pas de lui, dit Linda.

— Ouais. Ben c'est vrai.

— Je ne pensais pas que tu pourrais mentir sur ce genre de chose.

— Ça veut dire quoi, ça ?

— Rien. Je suis contente que tu lui aies dit.

— Tu es fâchée que je te l'aie pas dit à toi ?

— Non. Je suis fâchée que tu aies fait du mal à mon frère. C'est ça qui me chiffonne. Comment t'as pu faire ça ?

— C'était un accident. Une erreur.

— Ça, c'est ce que dirait une adolescente. Toi, tu as trente-trois ans. Tu vaux mieux que ça. Il est au fond du trou.

— Tu n'aurais pas dû lui dire.

— Il fallait qu'il sache.

— C'est ma décision, Linda. Pas la tienne. T'as fourré ton nez là-dedans et maintenant tu viens me critiquer chez moi. Je ne voulais pas qu'il me voie comme ça. J'avais un plan et tu as tout gâché.

— Quel plan ?

— Accoucher et abandonner l'enfant avant qu'il revienne. Ça aurait été plus facile pour lui. Plus facile pour nous deux. Mais non, fallait que tu l'appelles. C'est ta faute s'il est au fond du trou.

— Tu es sa femme. Tu es censée lui parler.

— Qu'est-ce que t'en sais, toi ? T'as jamais été mariée. Ta plus longue relation c'était quoi, six semaines ?

— Huit mois.

— Ah pardon. Le petit Collins de Brushy. Je me souviens de lui. Tu l'as largué parce que t'aimais pas sa façon de manger.

— Il raclait les dents sur sa fourchette.

— Il y a toujours quelque chose, avec toi. Voyons… Le Jackson, là, il se rongeait les ongles. Orville Carter, tu disais qu'il était trop bien habillé. Qui j'oublie ? Bobo Fraley, c'est sa voiture qui allait pas. Leonard de la scierie, il regardait trop la télé. Un des Anderson, je sais plus lequel, t'aimais pas sa coupe de cheveux. Est-ce que je t'ai dit quelque chose ? Non, jamais. C'est pas mes affaires si tu veux te faire une réputation.

— Une réputation de quoi ?

— À toi de me le dire, Linda. C'est toi qui es sortie avec la moitié du comté.

— Au moins je mettais des capotes.

— Ça veut juste dire que tu prévoyais à l'avance. Tu vaux pas mieux que moi, alors fais pas comme si. Quand t'auras été mariée quinze ans à un homme qui est absent la plupart du temps, j'écouterai ce que t'auras à me dire. En attendant, reste en dehors de ma vie.

Elles se dévisagèrent, toutes les deux en colère, toutes les deux effrayées de ce que pourrait dire l'autre. Aucune ne savait comment enchaîner.

Linda se leva et avança vers la porte.

— Tu étais comme une sœur pour moi, dit-elle. Qu'est-ce qui s'est passé ?

— J'en ai eu marre.

— De moi ?

— De tout. De cette maison. De Morehead. De Mick qui n'était jamais là. Tous les jours, je fais les mêmes choses et j'ai les mêmes conversations avec les mêmes gens. Ils sont tous là à observer et à juger. Jamais en face, mais je le sens. Maintenant, vous avez une bonne raison, toi et les autres. C'est quand la dernière fois qu'on a parlé de quelque chose de personnel ?

— C'est ce qu'on fait maintenant.

— Trop tard, dit Peggy. Tout est trop tard.

— Mick est rentré pour toi.

— Il restera pas.

Linda s'en alla, pensant déjà aux réponses qu'elle aurait pu donner. Aux choses qu'elle aurait dû dire. Surtout, elle se sentait mal d'avoir perdu une amie. Elle n'en avait pas beaucoup et elle connaissait Peggy depuis vingt ans. Peggy était trop jeune pour la crise de la quarantaine, mais elle arrivait plus tôt dans les collines. Comme tout – la mort, les épreuves, le deuil. Les enfants aussi, d'habitude. Peut-être la naissance l'aiderait-elle à décolérer, mais l'impact des vacheries qu'elles s'étaient envoyées resterait. Le jugement de Peggy piquait parce qu'il était vrai. Linda évaluait les hommes en permanence, cherchait des raisons de les rejeter. Personne n'était jamais assez bien.

Tous les griefs de Peggy sur la vie à Morehead étaient précisément les raisons pour lesquelles Linda aimait cette ville. Le sentiment réconfortant de voir les mêmes gens, parfois trois fois en une seule journée dans différents magasins. Il y avait un protocole pour ces rencontres. La première fois, on posait des questions sur la famille. La deuxième, on souriait et on plaisantait sur le fait d'avoir le même emploi du temps. La troisième fois, on souriait et on faisait un signe de main. Cela créait une intimité rassurante. Une des raisons pour lesquelles elle avait rejoint les forces de l'ordre était son désir de maintenir l'ordre pour tout le monde, un ordre dont Peggy ne voulait plus.

Après le départ de Linda, Peggy resta dans le canapé et posa les mains sur son ventre. Elle était en colère contre Linda et fâchée contre elle-même, fâchée contre tout le monde sauf le bébé. Elle était surprise par ce qu'elle avait dit, des pensées jamais formulées aussi clairement. Elle s'ennuyait prodigieusement et ce depuis un bon moment. Eh bien, cela allait changer avec la naissance du bébé. Être mère donnerait un sens à sa vie, un sens qui ne s'estomperait pas comme avec son rôle d'épouse ou de belle-sœur. Linda avait une carrière et Peggy aurait un bébé. C'était ce qu'elle voulait.

25

Mick roulait vers l'est sur des routes de traverse, content de fuir tout le remue-ménage de la civilisation. La simplicité de l'armée lui manquait. Le temps avait un caractère malléable dans le désert, comme s'il s'écoulait lentement, voire pas du tout, puis bondissait d'un coup ou reculait de deux siècles. La vie là-bas était similaire à celle des collines. La couleur verte, l'ombre des arbres, même l'humidité lui avaient manqué. Et maintenant il rêvait de l'air cristallin du désert et du réconfort des grands espaces vides.

Il s'arrêta pour consulter sa carte, tracée à la main en suivant le plan cadastral qu'il avait photocopié au siège du comté. Les indications de Johnny Boy l'avaient aidé : prendre la vieille US60, à droite sur Open Fork après la rivière, à gauche sur Bearskin, continuer sur Crosscut Ridge puis chercher une ouverture entre les arbres. Elle menait à l'ancienne maison des Caudill. Mick continua vers l'est en pensant aux frères Caudill, Virgil et Boyd. Il se demandait si toutes les histoires de familles étaient tristes, ou seulement dans les collines. Les Appalachiens obéissaient à des codes anciens qui les forçaient à agir. Les affronts étaient toujours personnels. Les actes de vengeance se perpétuaient d'une génération à l'autre. Quand il était à l'école, Mick récitait tous les matins le serment d'allégeance au drapeau et le Notre Père. Tous les enfants apprenaient les mots “Comme nous pardonnons aussi à ceux qui nous ont offensés”, un message fort et généreux qui ne prévoyait pas de calendrier spécifique. Dans les collines il était plus pratique de pardonner les offenseurs après les avoir tués.

Bearskin était une route goudronnée à une seule voie qui était un chemin de terre quand Mick était petit. Au bout du vallon, il grimpa vers Crosscut Ridge par une route à lacets escarpée. Au sommet de la colline, la brise lui rafraîchit le visage tandis qu'il cherchait un espace entre les arbres assez large pour le passage d'une voiture. Il s'arrêta deux fois. La première ouverture n'était qu'un trou laissé par d'anciens bûcherons et l'autre une interruption naturelle dans la ligne des arbres. Il poursuivit plus lentement, savourant la beauté des collines. L'ouverture, quand il la vit enfin, était évidente et artificielle. Il roula sous la canopée et se gara devant un bosquet de conifères qui cachait son pick-up de la route. Il s'extirpa du véhicule, le visage griffé par les aiguilles de pin, puis il récupéra son sac à dos et son arme.

Il scruta soigneusement les environs, mémorisant la configuration des lieux au cas où il reviendrait par un autre chemin. C'était le dernier endroit qu'avait évoqué M. Tucker et Mick espérait y trouver Delmer Collins. Son plan était simple – l'emmener en garde à vue et le laisser à Linda pour qu'elle n'ait plus Murvil Knox sur le dos.

Il s'accroupit pour examiner les herbes et les fourrés récemment écrasés par un véhicule. Les brins d'herbe étaient encore légèrement ployés, ce qui signifiait que les traces dataient du jour même. La distance entre les pneus indiquait un large pick-up. Quelques mètres plus loin il vit des marques légèrement plus anciennes derrière les premières. Mick s'enfonça dans les bois et évolua en parallèle de l'ancienne route, s'arrêtant régulièrement pour tendre l'oreille. Un colin de Virginie annonça son nom comme pour se présenter à la forêt. Une chouette en avance hulula. D'ici deux heures, ce serait la pleine nuit, l'obscurité lourde et épaisse, la canopée des arbres enchevêtrés bloquant la lumière des étoiles. Son premier mouvement était d'accélérer, alors il ralentit le pas.

En haut d'une petite montée, il s'arrêta net, les bras et le visage immobiles. Un pick-up était garé sur les vestiges de l'ancienne route, un vieux 4x4 Ford F-150, le même qu'il avait vu chez les Johnson. Celui qui s'était arrêté là voulait approcher la vieille maison des Caudill à pied.

Il marcha lentement jusqu'à apercevoir un fragment de la maison à travers le feuillage. Il gagna une ravine asséchée et remonta la colline en rampant. La maison se dressait sur ce qui avait été autrefois une clairière ombragée par d'immenses chênes ancestraux. Des hautes herbes avaient envahi le jardin entre des touffes de fétuque grosses comme des manches de hache. Le sol du porche paraissait solide, mais le toit s'était effondré des années auparavant. Mick revint sur ses pas dans la forêt et entreprit une reconnaissance minutieuse de la maison. Il en fit le tour, s'approcha pour voir l'arrière, puis fit de même avec les deux murs latéraux.

Il sentit la présence de quelqu'un derrière lui et fit brusquement volte-face, pistolet devant lui. Il n'y avait personne et il n'entendait aucun bruit. Il mit ça sur le compte de son hyper-vigilance. Lorsque le phénomène se répéta, il scruta les bois pendant trois minutes, incapable de chasser la sensation qu'un autre humain était dans les parages. Les bois étaient immobiles. Un cardinal émit son cri – deux sifflements brefs suivis par un gazouillis qui diminuait peu à peu. Mick sut qu'il était seul. Les cardinaux ne faisaient ce bruit que lorsqu'ils se sentaient en sécurité.

À l'autre bout de la maison, il y avait un véhicule, un vieux Ford Bronco retapé. Il s'approcha du bâtiment et entendit deux hommes parler. Comme il ne parvenait pas à distinguer les mots, il écouta attentivement le ton de leurs voix étouffées. L'un parlait plus vite que l'autre. Tous deux étaient anxieux, sur la brèche, au bord du point de rupture.

Mick se tapit derrière un noyer et réfléchit aux options possibles. S'il rampait suffisamment près pour les entendre, il risquait de les alerter de sa présence. Une diversion les ferait sortir, mais, s'ils quittaient la maison ensemble, Delmer avait une chance sur deux de s'enfuir. Mieux valait les piéger à l'intérieur.

Lentement, le dos courbé, Mick se faufila jusqu'au Bronco. Il s'en servit pour masquer sa progression jusqu'à l'arrière du véhicule, qui était garé devant le porche. Il manquait une latte au plancher. La porte principale était ouverte. Mick reprit son étude du terrain, configurant la maison dans sa tête – rectangulaire avec un étage qui couvrait la moitié arrière. La porte devait donner sur la pièce principale d'un côté et sur la cuisine de l'autre. Il lui fallait faire deux pas discrets sur la terre battue, bondir sur le porche, éviter le trou par terre, et surgir à la porte. Il serait dedans en quatre secondes. Il repassa l'opération dans sa tête, imaginant les gestes précis qu'il devait faire. Deux fois encore il prévisualisa la séquence de mouvements, puis il surgit de derrière le Bronco d'un bond et se rua dans la pièce. Deux hommes se tournèrent brusquement vers lui, jeunes tous les deux, l'un armé d'un revolver. Mick envoya valser l'arme d'un coup de pied et lui asséna un direct au thorax assez fort pour lui bloquer la respiration. L'autre homme le regardait fixement. Il était assis sur une chaise à haut dossier avec une planche en lieu d'assise, les jambes tremblant de peur. Mick ramassa l'arme au sol et en braqua une sur chaque homme.

— Tu t'appelles comment ? dit-il à l'homme assis.

— Delmer Collins.

— Et ton copain, là ?

— Frankie Johnson.

— Le fils de Nonnie ?

Delmer hocha la tête.

— Il est là pour te tuer ? dit Mick.

Delmer hocha de nouveau la tête, jetant un regard à Frankie étendu par terre, suffoquant.

— Ben, il risque pas, là, dit Mick.

Il poussa Frankie du bout de sa botte.

— Debout, dit-il. C'est pas si grave que ça en a l'air. T'as peur parce que t'as le souffle coupé. Si j'avais su que c'était toi, Frankie, j'y serais allé mollo.

Frankie se traîna jusqu'au mur et s'y adossa, la main sur la poitrine. Il regardait Mick en plissant les yeux comme s'il essayait de le remettre.

— Je suis venu chez toi, dit Mick. J'ai parlé à ta tante et à tes cousins. Toi, tu étais allongé sur ton lit. Je pensais que ce serait Wade ou un des jumeaux ici, pas toi.

Frankie secoua la tête et parla d'une voix à la fois rauque et haut perchée.

— Wade a dit qu'il fallait que ce soit moi.

— Pourquoi ça ?

— Il a tué ma mère. (Enhardi par ce nouvel allié, il pointa le doigt vers Delmer.) T'as tué maman.

Delmer tordit sa tête sur le côté comme s'il essayait d'esquiver la vérité de ces paroles. Des menottes métalliques liaient un de ses poignets à la chaise.

— C'est toi qu'as apporté ces menottes ? dit Mick à Frankie.

— Ouais, elles étaient à Wade.

— Prends la clef.

Frankie fouilla maladroitement dans sa poche de pantalon et en tira une clef argentée brillante. Le cran unique au bout de la tige indiquait un matériel de piètre qualité, le genre qu'on achète en ligne.

— Jette-la par terre, dit Mick.

Frankie s'exécuta. La clef rebondit deux fois et scintilla sur la terre battue.

— T'es pas obligé de le tuer, dit Mick.

— Œil pour œil, dent pour dent. C'est dans les Écritures.

— Y a des choses qui sont pas dans la Bible, tu sais. Des choses qu'existaient pas à l'époque.

— Genre les ordis et les voitures ?

— Genre les prisons d'État. Pense à la vie de Delmer là-dedans. Tous les hommes là-bas ont une mère. Ils sauront ce que Delmer a fait et ça va pas leur plaire. Ils vont lui péter les dents. Ils vont lui prendre ses vêtements et sa bouffe. Tout ce que tu peux faire toi, c'est lui prendre sa vie. C'est ça que tu veux ?

— Ouais.

— Alors tu iras en prison et c'est à toi que ça arrivera.

Frankie resta silencieux, essayant de digérer ces informations et ce brusque changement de circonstances. C'était trop, trop vite. Il voulait rentrer chez lui et jouer à des jeux vidéo dans son lit. Il avait peur de Wade, mais cet inconnu lui faisait encore plus peur.

Mick regarda Delmer et parla.

— Ça fait combien de temps qu'il est là, le petit ?

— Une heure à peu près, dit Delmer.

— Une heure, dit Mick. Frankie, je ne crois pas que tu aies envie de le descendre sinon tu l'aurais déjà fait. J'ai pas raison ?

Frankie hocha la tête misérablement.

— Wade a dit que je pouvais avoir le pick-up si je le faisais.

Mick grimaça. À Kaboul il avait interrogé un jeune Afghan après une tentative avortée d'attentat suicide sur un marché. Le môme avait été le pion d'autres hommes plus âgés, un pigeon manipulé pour se sacrifier. Mick avait été dégoûté et il l'était encore aujourd'hui.

— Lève-toi, dit-il.

La sueur coula sur l'arête des sourcils de Frankie et il l'essuya, laissant des marques de terre sur son front. Ses habits flottaient sur sa carcasse maigrichonne. Il avait les cheveux trop longs et il sentait mauvais.

— Rentre chez toi, dit Mick.

— Qu'est-ce que je dis à Wade et aux autres ?

— Tout ce que tu veux. Mais tu parles à personne d'autre, compris ? Juste à ta famille.

Frankie hocha la tête et fit volte-face, les yeux baissés comme un chien pris en train de faire les poubelles. Depuis l'encadrement de la porte, Mick le regarda traverser les restes du jardin, d'un pas lent d'abord, puis de plus en plus rapide. Il parvint en haut de la petite montée et descendit, son corps disparaissant peu à peu jusqu'à ce que seule sa tête soit visible, puis plus rien.

Delmer était plus amoché que Frankie – des piqûres d'insectes, des cernes sous les yeux, les vêtements crasseux. Sur une table de fortune s'étalaient des conserves vides de thon, des canettes de soda et des chips. Mick lui proposa sa gourde et Delmer hocha vivement la tête. Mick dévissa le couvercle et porta la gourde à ses lèvres. Delmer but avidement jusqu'à ce que l'eau dégouline sur son menton maculé de terre.

— T'as un bras attaché à la chaise, dit Mick. T'aurais pu te lever et lui balancer la chaise dessus.

— J'attendais ma chance.

— C'est toi qu'as tué Nonnie ?

Delmer hocha la tête.

— Parle, bordel.

— C'était un accident.

— Mon cul, ouais.

— Je voulais pas. C'était son idée. Un truc qu'elle a vu sur Internet.

— Raconte-moi.

— Quand on est asphyxié, il paraît que c'est comme baiser sous coke. C'est ce qu'elle a dit. Moi je voulais pas le faire.

— Et tu l'as fait ?

— Ouais. Elle était plus vieille que moi. Elle disait qu'elle avait fait le tour de la question et qu'elle voulait essayer quelque chose de nouveau. Alors je l'ai étranglée par-derrière. Comme les gars qui font du free-fight à la télé.

— Pendant l'acte ?

Delmer hocha la tête.

— Et ensuite ?

— Elle s'est évanouie et je l'ai fait s'asseoir. Elle se réveillait pas. Elle respirait plus. J'ai eu peur, genre vraiment peur, vous voyez ? (Il regarda Mick comme pour chercher de la compassion.) Et puis je suis parti en courant.

— Et elle ?

— Je l'ai fait rouler dans la colline.

— T'es reparti à pied de Choctaw ?

— Non, en voiture.

— T'as vu quelqu'un ?

Delmer hocha la tête.

— Qui ? dit Mick. T'as vu qui ?

— Fuckin' Barney.

Mick pouvait deviner le reste mais voulait en avoir le cœur net.

— T'es rentré chez toi ?

— Non.

— T'es allé où ?

— Chez oncle Murvil. Il m'a dit de me cacher ici. Qu'il allait tout arranger.

Le visage de Delmer s'illumina d'une pensée soudaine. L'espace d'un instant il se sentit soulagé. Il était tiré d'affaire.

— Hé, dit-il. Est-ce que c'est mon oncle qui vous envoie ?

Une planche craqua dehors et Mick fit un pas de côté, pivota sur une jambe, et se mit en position accroupie, l'arme braquée sur la porte.

— Bien le bonjour, dit un homme dehors. Coucou la maison.

Les planches craquèrent de nouveau et M. Tucker apparut dans l'encadrement de la porte, la silhouette découpée dans le soleil d'après-midi. Il portait un sac de jute en bandoulière. Il tenait une racine de ginseng dans une main, les longues radicelles encore noires de terre.

Mick baissa son arme et se leva. Tucker entra dans la maison, raclant instinctivement ses semelles sur un paillasson qui n'était pas là.

— Monsieur Tucker, dit Mick. Vous n'arrivez pas au meilleur moment.

Tucker fourra le ginseng dans son sac. Il sortit un revolver de poche calibre 38 et tira trois balles dans la poitrine de Delmer. Delmer bascula en arrière, entraînant la chaise avec lui. Il se convulsa par terre, une écume rouge dans la bouche. Le sang se répandait sur le plancher. Mick savait qu'il souffrait d'une hémorragie interne. Il s'accroupit à côté de lui et appliqua une pression sur la plaie d'entrée, un geste futile qu'il se devait de tenter. Il regarda le corps mourir, puis se leva et fit face au vieil homme.

— Vous me mettez en mauvaise posture, dit-il.

— Nan, c'est ce gamin, là, qui t'a mis dedans. Ça te fait du travail en moins.

— Pourquoi vous l'avez tué ?

— Nonnie était la petite cousine de ma femme.

Le ton net et sans réplique de M. Tucker était dur comme le fer. Mick reconnut un trait que partageait son grand-père, cette résolution vengeresse ancrée dans la culture des collines. Si Mick était resté ici, il aurait été pareil. Il était parti et le pays lui manquait terriblement, mais il avait envie de repartir chaque fois qu'il rentrait. Il pouvait prendre la route et mettre tout ça derrière lui, ou bien il pouvait emmener Tucker en garde à vue.

— Comment va votre femme ? dit Mick.

— Le docteur lui donne une semaine.

— Vous voulez être avec elle quand elle s'en ira ?

— J'y compte bien.

— Alors rentrez chez vous. Et pas un mot sur ma présence ici.

Tucker hocha la tête et se tourna.

— Attendez une minute, dit Mick. C'était vous dans les bois quand je me suis approché de la maison ?

— Ouais.

— Je ne vous ai pas vu.

— T'étais pas censé.

— Comment vous faites ça ?

— Aucune idée, dit Tucker. J'ai toujours su.

Il baissa le menton en signe d'adieu et quitta la maison pour s'enfoncer dans les bois. Mick le regarda partir, en se demandant quel genre d'homme était Tucker avant de devenir concierge de l'école. Une chose était sûre, le meurtre ne lui était pas étranger. Il avait abattu Delmer comme on écrase une mouche.

Mick sortit sa chemise de son pantalon et utilisa son couteau pour en découper un pan. La clef était toujours par terre. Tenant les menottes avec le tissu de sa chemise, il détacha Delmer de la chaise. Il enveloppa les menottes dans le tissu et les glissa dans son sac avec l'arme de Frankie et la clef. Quatre empreintes de pas marquaient la terre poussiéreuse. Il n'y avait pas de balai en vue. Mick retira sa chemise et effaça ses traces en marchant à reculons vers la porte. Un œil averti s'apercevrait que quelqu'un avait nettoyé la scène de crime, mais il estima que ceux qui trouveraient le corps ajouteraient eux-mêmes à la confusion. À la porte, il avisa l'empreinte minuscule du pied de Tucker. Il l'essuya.

Mick se planta dans le jardin et regarda la maison, le revêtement patiné, les fenêtres cassées et le toit rapiécé. Il pensa à la famille Caudill – un frère mort, l'autre disparu depuis longtemps, et maintenant un cadavre à l'intérieur. Si une maison devait être hantée, c'était bien celle-ci.

26

MICK quitta la forêt et se rangea sur le bitume, puis il passa plusieurs minutes à effacer ses traces de pneus. Une heure plus tard, il arriva à la propriété des Johnson, klaxonna et attendit. Le soleil s'était glissé derrière la colline à l'ouest, enveloppant la maison d'un voile d'ombre. Le gros F-150 était garé dans le jardin. Un oiseau moqueur entonna son chant. L'inadapté par excellence : il ne savait qu'imiter les autres et espérer qu'on le comprenne. Mick s'était senti comme ça toute sa vie.

Un rideau bougea quand quelqu'un jeta un œil au-dehors. Quelques secondes plus tard Wade s'avançait sur le porche. Mick quitta son pick-up.

— Le bonjour, Wade, dit-il.

— T'es pas le bienvenu, ici.

— Non, je sais bien. Le truc, c'est qu'il faut que tu me parles.

— J'ai rien à dire.

— Moi si.

— Dis ce que t'as à dire et dégage de chez nous.

— Ce que j'ai à dire, c'est à tout le monde. À toi, aux jumeaux et à ta mère. À Frankie aussi. T'en fais pas, c'est rien de grave.

Wade contempla l'érable où l'oiseau moqueur poursuivait ses tentatives de se trouver un ami. Il cracha par terre, puis haussa les épaules pour lui-même.

— Je déteste ce foutu piaf, dit-il. Il vient ici tous les soirs. Saoulant comme pas possible, mais maman veut pas que je le tue.

Ils entrèrent dans la maison et Mick adressa un signe de tête à Lee Ann, assise dans un fauteuil à bascule avec un coussin à fleurs. Wade rassembla ses frères. Les jumeaux installèrent Frankie dans le canapé avec des gestes délicats, aussi attentionnés que des infirmières. Mick les regarda un à un. Leurs visages affichaient un sérieux intense. Mick parla :

— Vous avez donné un flingue à Frankie et vous l'avez envoyé buter Delmer. J'ai renvoyé Frankie chez lui. On est tous mouillés et j'ai bien l'intention de nous sortir de là. Mais faut qu'on travaille ensemble.

— Et Delmer ? dit Wade.

— Delmer est mort.

La tension collective de la famille retomba quelque peu, produisant un calme relatif comme après un orage. Mick les regarda conclure qu'il avait tué Delmer. Il comptait là-dessus. Ils auraient peur de lui.

— Frankie a jamais été là, dit Mick en regardant Wade. Il peut dire à personne qu'il est monté là-haut.

La famille échangea des regards et des hochements de tête.

— Frankie, reprit Mick. Tu comprends ? Tu n'étais pas là-haut. Ça veut dire que tu m'as pas vu. T'as jamais vu

Delmer. Si tu racontes quoi que ce soit d'autre, t'es bon pour un long séjour en taule.

Frankie hocha la tête et Mick se tourna vers Lee Ann.

— Madame, dit-il, il faudra peut-être le lui rappeler. Ça vaut pour vous tous. S'il dit quoi que ce soit, ça sera mauvais pour tout le monde.

— OK, dit Wade.

Noel et Joel acquiescèrent dans un murmure.

— T'as entendu le monsieur, Frankie ? dit Lee Ann.

Frankie hocha la tête sans lever les yeux.

— Merci, dit Lee Ann à Mick.

— Me remerciez pas encore, dit Mick. J'ai pas terminé. Ils vont finir par trouver le corps et rappliquer ici. Je laisserai Frankie en dehors de tout ça mais faut que vous fassiez pareil pour moi.

— Autre chose ? dit Wade.

— Non, c'est tout.

Mick adressa un signe de tête à chacun des hommes, puis il se tourna vers Lee Ann.

— Frankie est pas capable de tuer quelqu'un, dit-il. Je suis convaincu que c'est un homme bien. Avec le temps, il va s'en remettre. Prenez soin de lui.

Mick quitta la maison avec Wade à sa suite. La nuit était silencieuse, l'oiseau moqueur ayant emporté sa solitude ailleurs. Mick ouvrit la portière du pick-up et récupéra son sac à dos. Il en tira le bout de tissu qui contenait les menottes.

— Ces menottes portent les empreintes de Frankie. Les tiennes aussi. J'ai le flingue que t'as donné à Frankie. Tu lâches mon nom et ça tombe entre les mains de ma sœur.

— Tu ferais ça ?

— Je ferais bien pire. Surtout à un homme qui a essayé de troquer un pick-up pour un meurtre. Tu comprends ce que je dis ?

Wade hocha la tête et Mick monta dans le pick-up. Il quitta le vallon fenêtres ouvertes, écoutant les grillons et les cigales. Arrivé au bitume, il sortit son portable de la boîte à gants et appela Linda. Il lui raconterait une histoire partielle, qui n'inclurait pas M. Tucker.

Il avait un message vocal de sa femme et trois textos de sa sœur. Peggy était à l'hôpital.

27

Mick était assis avec sa sœur dans la salle d'attente du centre médical Sainte-Claire. Linda lui expliqua que Peggy avait perdu les eaux un peu trop tôt et qu'il y avait une inquiétude sur la santé du bébé. En raison de ces complications, Mick n'était pas admis en salle de naissance.

— Ils vont peut-être devoir sortir le bébé, dit Linda.

— Le sortir où ? dit Mick. À Lexington ?

— Non, c'est une expression. Ça veut dire pratiquer une césarienne. Ils font ça pour protéger le bébé. C'est censé être plus sûr.

La seule expérience de Mick avec le corps médical était les conditions déplorables des hôpitaux militaires, au pays comme dans les bases à l'étranger. Cet hôpital-là était plus propre. La salle d'attente avait des sièges confortables, des distributeurs et une télé sans le son. D'autres visiteurs anxieux étaient assis à côté d'eux. Une tension palpable pesait dans la pièce malgré la décoration joyeuse. Chaque fois qu'une infirmière passait, tout le monde la dévisageait dans l'espoir de recevoir une information.

— Tu sais que cet hôpital porte le nom du Dr Louise ? dit Linda. On raconte qu'elle a fait naître dix mille bébés avant qu'ils construisent cet endroit. Claire, c'est son deuxième prénom.

Mick hocha la tête.

— C'était pas une sainte, dit Linda. Il y a bien une sainte Claire, mais c'est une autre. C'est la sainte patronne de la télévision.

— La télé a un saint ?

— Ouais, elle regardait la messe comme ça quand elle a été trop malade pour y aller.

— Comment tu sais un truc pareil ?

— Je suis sortie avec un médecin d'ici. Il venait de Philadelphie. Il parlait super vite. Gros accent, dur à comprendre par moments.

— On dirait que ça a pas marché, toi et lui.

— Larry est pas resté longtemps. Il était là dans le cadre d'un programme pour les médecins avec de gros prêts étudiants à rembourser. Ils vont dans un désert médical : ici, les réserves indiennes ou le delta du Mississippi. Ils travaillent deux ou trois ans et on efface l'ardoise. Il a fini sa mission ici et il a pris un poste dans le Wisconsin. Il voulait que j'y aille avec lui.

— Pourquoi tu l'as pas fait ?

— Je lui ai dit qu'il fallait que je reste aider maman, mais c'était un mensonge. La vérité, c'est que je voulais pas partir.

— Des fois je regrette d'être parti. Tout ça, c'est de ma faute – Peggy, je veux dire.

— Ne sois pas trop dur avec toi-même.

Il hocha la tête.

— Larry avait plein d'histoires marrantes, dit-elle. Par exemple, un homme emmène sa femme aux urgences. Elle a été mordue par un serpent. Larry lui demande quel genre de serpent. Et là le gars lui sort un truc hilarant…

Son téléphone vibra. Elle répondit à voix basse et quitta la pièce. Mick savait qu'elle essayait de lui changer les idées et il lui en était reconnaissant, même si c'était impossible. Sa propre nervosité le surprenait. Il était normal qu'un futur père soit fébrile, mais l'enfant n'était pas de lui. Peut-être que c'était l'environnement. Il n'aimait pas être en intérieur, et l'hôpital était pire que tout – peu de fenêtres, des couleurs ternes, un personnel affairé marchant à pas rapides et feutrés.

Linda revint, le visage défait, la peau tendue, la bouche pincée comme une incision chirurgicale. Il la regarda et attendit.

— C'était Johnny Boy, dit-elle. Il faut que je te parle. Pas ici.

Il la suivit dans le labyrinthe des vastes couloirs et des services jalonnés de salles des infirmiers, conduisant à de nouveaux couloirs. Ils descendirent avec l'ascenseur, traversèrent le nouveau pavillon et arrivèrent enfin dehors. Deux aides-soignants fumaient des cigarettes et regardaient leurs téléphones. Linda continua jusqu'au parking afin de pouvoir parler sans être entendue.

— Bobby est mort, dit-elle. Il s'est pendu en prison.

Mick hocha la tête.

— J'aurais dû le voir venir, dit-elle. Prévenir le gardien.

— Là, c'est toi qui es trop dure avec toi-même.

— Peut-être que c'est ça, notre truc. C'est pour ça qu'on se retrouve à faire ce genre de boulots.

Mick avança au milieu du parking. Il regarda l'est, puis l'ouest, puis le flanc de colline noir qui faisait de l'ombre à la ville. La lune était un croissant d'os.

— Il y avait une route, ici, avant, dit-il.

— Tu parles comme Papaw.

— Cet hôpital colonise tout ce qu'il y a autour de lui.

— L'université fait pareil à l'autre bout de la ville. Bientôt y aura plus rien d'autre. Le progrès nous conduit à la ruine.

— Là, c'est toi qui parles comme Papaw.

Le vacarme d'un semi-remorque en train de rétrograder retentit au niveau de l'échangeur routier. Ensuite vint le gémissement strident d'une moto. Des volutes de nuages flottaient dans le ciel comme de la fumée. Mars était à sa place, comme logée dans un renfoncement. La mort de Nonnie en avait entraîné trois autres – Tanner, Delmer et maintenant Bobby. Les vulnérables mouraient toujours jeunes. La mort engendrait la mort, et il avait été incapable de stopper son avancée.

Il alla à l'extrémité du parking où une rangée de liquidambars et de rosiers sauvages venait s'entortiller autour des fils d'une clôture. Derrière se dressait une petite maison en bois. L'hôpital ou l'université n'allait pas tarder à la coloniser. Mick se sentait comme cette maison, coincé entre deux forces puissantes. Sa carrière et sa vie privée étaient pressées l'une contre l'autre sans aucune place pour lui. Il se sentait étouffé par sa famille, la ville, son mariage, même la petite cabane dans les bois.

La poche de Linda vibra, la lumière de son téléphone clignotant à travers le tissu de son pantalon. Elle prit l'appel et Mick s'éloigna, ne voulant pas entendre la nouvelle disparition. Ça doit être Frankie, pensa-t-il. Les gens censés le protéger ne voyaient en lui qu'un instrument entre leurs mains, et il était devenu un boulet.

— Mick, cria sa sœur. C'est une fille !

Ils traversèrent l'asphalte au pas de course et retournèrent à la maternité. Une infirmière leur expliqua que le travail avait été court et rapide. Le bébé était en bonne santé, petit mais pas considéré comme prématuré. Peggy avait reçu une péridurale, puis une dose d'hydrocodone. Le bébé était en soins néonataux et serait bientôt emmené en nurserie. L'infirmière prévint Mick que Peggy serait dans le cirage pendant quelques heures encore.

Mick entra dans la pièce et la vit en position semi-assise. Il resta à distance, conscient de ses vêtements sales, de sa proximité récente avec un meurtre.

— Tu es là, dit Peggy.

— Ouais, murmura-t-il. Ouais, hmm-hmm…

Elle indiqua un canapé sous une fenêtre. Au lieu de quoi il tira une chaise à côté du lit et lui prit la main.

— Je suis contente que tu… dit-elle. Je ne pensais pas que…

Sa voix se perdit et elle ferma les yeux.

— Tout va bien, dit-il. Je suis là.

La respiration de Peggy se fit lourde de sommeil, sa main serrant toujours celle de Mick. Le bourdonnement rassurant des appareils médicaux le détendit. Il avait envie de rester pour toujours dans cet état d'apaisement. Il pourrait demander une mutation aux États-Unis, prendre sa retraite de l'armée et ouvrir une boutique de location de bateaux sur le lac de Cave Run. Peggy lui en avait parlé des années auparavant. Il avait balayé l'idée d'un revers de main mais, quand le désert atteignait les 45 °C, il s'imaginait souvent assis sur un fauteuil face à l'eau. Au bout de quelques années, il pourrait apprendre à pêcher à la petite fille.

Il s'assoupit, s'éveillant au gré des allées et venues des infirmières. Un médecin entra, examina les machines et s'en alla. Puis une autre infirmière. Puis sa sœur.

— Mick, dit-elle. Mick, réveille-toi. On a un problème.

Aussitôt alerte, il suivit Linda dehors. Une femme en blouse poussait un chariot de nourriture dans le couloir immaculé. D'une porte ouverte leur parvint le brouhaha excité d'une famille face au dernier rejeton venu grossir les rangs. Au bout du couloir, devant la salle des infirmiers, se tenaient Johnny Boy et l'agent spécial Wilson.

— C'est le mec du FBI, dit-elle. Il est là pour t'arrêter.

Mick hocha la tête, en se demandant si on avait déjà retrouvé le corps de Delmer. Tucker n'aurait pas parlé. Ce ne pouvait être que les Johnson. Ils l'avaient balancé.

— Quel motif? dit-il.

— Abandon de poste. L'armée a émis un mandat. J'ai aussi été prévenue.

— Pourquoi tu ne m'as rien dit?

— J'allais le faire. Et puis Peggy est venue ici et j'ai décidé d'attendre.

— Où est la nurserie?

Elle fit signe à Johnny Boy d'attendre puis emmena Mick dans l'autre sens. Ils s'engagèrent dans un nouveau couloir et entrèrent dans une pièce coupée par une grande vitre. De l'autre côté s'alignaient des rangées de berceaux transparents avec de hautes parois comme des aquariums. Quatre étaient vides. Les autres contenaient des bébés – la plupart dormaient, certains étaient reliés à des moniteurs, deux pleuraient. Sur l'un d'entre eux, un petit écriteau disait HARDIN, FILLE.

Mick contempla la pièce pendant trois bonnes minutes, mémorisant les contours du berceau et la position du nourrisson. Le visage de la petite fille était rouge et minuscule. Une mèche de cheveux de la même couleur que ceux de sa mère dépassait d'un bonnet blanc.

— Elle est belle comme tout, dit Linda.

— J'ai plusieurs choses à te dire.

— Alors fais vite. Je ne sais pas combien de temps Wilson va attendre.

— Delmer Collins est mort.

— Qui l'a tué ?

— La série de meurtres s'arrête là. C'est ça qui compte.

— Où est le corps ?

— À l'ancienne maison des Caudill.

— Y a quoi d'autre là-haut ?

— La voiture de Delmer. Pas de preuve. Pas de douille. Pas d'empreintes.

— C'est toi qui l'as tué, hein ?

— J'ai fait le ménage. Mais je ne l'ai pas tué.

— Fuckin' Barney ?

— Non, pas lui. Maintenant que l'aire de repos est fermée, il va avoir besoin d'un nouveau point de rencontre. Si tu le trouves et que tu mets un terme à ce business, les gros bonnets te ficheront la paix.

— T'as tout arrangé, hein ?

— Pas vraiment. J'aurais aimé faire tomber Murvil Knox.

— Qui a tué Delmer ?

— Je ne peux pas te le dire maintenant.

— Quand ?

— Quand celui qui l'a tué sera mort. Là tout de suite, j'ai besoin d'une faveur.

— Quoi ?

— Dis à Peggy que je lui pardonne.

— Autre chose ?

Il regarda l'écriteau rose à travers la vitre : HARDIN, FILLE.

— Ouais. Dis-lui que je ne reviendrai pas.

Ils quittèrent la pièce et reprirent le couloir blafard. Johnny Boy ne savait pas où se mettre tandis que Wilson buvait du petit lait.

— Je dois vous embarquer, dit Wilson.

— Voyons les papiers, dit Mick.

— Ils sont dans la voiture.

— J'ai les miens, dit Linda. (Elle tira une liasse de documents de sa poche de veste.) Ils me les ont faxés. C'est tout ce qu'il y a de plus officiel, Mick.

Elle adressa un sourire pincé à Wilson, sans la moindre trace d'humour.

— C'est mon prisonnier, dit-elle.

— C'est la compétence du FBI, dit Wilson.

— Non. Vous, vous êtes là pour m'assister. C'est ce que vous m'avez dit. Votre chef Murvil Knox me l'a clairement fait comprendre.

— Ce n'est pas mon chef.

— C'est lui qui vous a amené ici. Vous lui rendez des comptes. Vous êtes son caniche fédéral.

— Je reçois mes ordres de l'antenne de Louisville, dit Wilson. Et je mets votre frère en état d'arrestation pour désertion. C'est une infraction fédérale. Je suis un agent fédéral.

— Je suis le shérif du comté de Rowan. (Elle claqua le mandat sur sa paume ouverte. Sa voix se durcit.) Et vous interférez dans l'exercice de mes fonctions.

— Vous allez le regretter, dit Wilson.

— Ajoutez ça à la liste, dit-elle. Mon plus grand regret, c'est d'avoir été forcée de travailler avec vous.

Elle fit un pas en avant et vint se planter devant Wilson. Mick avait déjà vu ce genre de bras de fer des dizaines de fois, motivé par l'orgueil, l'ego et l'arrogance. Les parangons de vertu étaient les plus dangereux. Pire, ils étaient imprévisibles. Linda avança encore d'un pas et Wilson recula.

— Peut-être que tu devrais le laisser faire, frangine, dit Mick.

— Tais-toi une minute, dit-elle. Laisse-moi réfléchir.

On réclama un médecin en salle d'urgences aux haut-parleurs. Un infirmier poussa un chariot avec un ordinateur intégré, les roues silencieuses sur le sol. Tous les quatre se tenaient dans un cercle chargé de tension, observés par plusieurs personnes.

— Johnny Boy, dit-elle, t'as un appareil photo sur ton téléphone ?

— Sûr.

Elle hocha la tête, toujours en train de réfléchir, puis se tourna vers Wilson.

— Je vais menotter Mick et le conduire dehors, dit-elle. Johnny Boy va prendre quelques photos de nous, juste Mick et moi. Quand on sera dehors, je remettrai Mick à Wilson. Le mérite officiel de l'arrestation lui reviendra et il pourra me lâcher la grappe.

— Pourquoi les photos ? dit Wilson.

— Johnny Boy va les faire circuler. On s'arrangera pour en avoir une dans le journal. Tout le monde saura que c'est moi qui l'ai embarqué.

— Bien vu, dit Mick. Politiquement, c'est intelligent. Tu seras le shérif qui a arrêté son propre frère.

— Ça pourrait m'éviter d'avoir le maire sur le dos.

— Ils auront peur de toi, dit Mick. C'est bien.

Il regarda Wilson, attendant la suite. Mick savait qu'il ferait semblant d'y réfléchir longuement afin de préserver un mince fragment de dignité. Vingt secondes passèrent avant qu'il hausse les épaules. Linda passa les menottes aux poignets de son frère. Tous les quatre avancèrent dans le couloir, Wilson en tête et Johnny Boy marchant à reculons pour prendre des rafales successives de photos. Mick gardait délibérément son visage tourné vers l'objectif.

Après un trajet en ascenseur silencieux, ils traversèrent l'hôpital par le chemin le plus long, croisant des gens que Mick reconnaissait du lycée – des patients, des infirmiers, des aides-soignants, des agents d'accueil. La femme âgée qui vendait des fleurs dans une petite alcôve avait connu sa mère. Tout le monde le voyait aux mains de sa sœur. La nouvelle allait faire le tour du comté. Elle circulait sans doute déjà sur les réseaux sociaux.

Ils rejoignirent la voiture de Wilson de l'autre côté du parking. Linda détacha les menottes.

— Et maintenant ? dit-elle à Wilson.

— Prison militaire de Fort Campbell.

Il prit la boîte à menottes clipsée à sa ceinture.

— Ça fait une longue route, dit Mick. Pas de menottes. Je vous donne ma parole que je ne m'échapperai pas. Ou alors on laisse le shérif procéder à l'arrestation. C'est vous qui voyez.

Wilson hocha la tête à contrecœur.

— Un jour, frangine, tu repenseras à ce jour comme le meilleur de ta vie, dit Mick. Tu as enfin fini par me passer la bride.

— Possible, dit-elle en forçant un sourire. Probable.

Ils partirent en groupe jusqu'au pick-up de son grand-père où il récupéra son sac à dos. Il tendit les clefs du véhicule à Linda.

— Répète ce que je t'ai dit à Peggy.

— OK, dit-elle. Hé, Wilson, vous avisez pas de refoutre un pied dans mon comté.

Mick sourit de toutes ses dents et adressa un signe de tête à Johnny Boy. Il fit le tour de la voiture et attendit que Wilson ouvre la porte. Le trajet dura près de six heures avec une pause pour manger et prendre de l'essence. Aucun des deux ne parla.

Pendant le trajet, Mick s'aperçut que depuis des années son mariage se limitait à des projets pour la maison. Il avait cru que c'était suffisant. Peut-être qu'il était naïf. Il aurait sans doute pu passer outre l'infidélité de sa femme, une relation physique sans engagement émotionnel, mais un bébé était une autre histoire. Ils avaient vécu séparés pendant plus de la moitié de leur mariage, ce qui signifiait qu'ils préféraient tous les deux qu'il en soit ainsi. Il considérait comme une faillite personnelle le fait de s'en aller quand les choses se compliquaient. Il n'avait jamais voulu être divorcé, être connu comme un homme divorcé. Maintenant il comprenait qu'il s'était trompé sur toute la ligne. Les gens se mariaient quand ils étaient jeunes et optimistes, puis ils s'emmêlaient ensemble comme des rosiers ou bien ils poussaient chacun de leur côté comme des mauvaises herbes.

Il avait envie d'être le genre de personne qui accepterait l'enfant d'un autre homme. C'était noble et honorable. Mais il savait que chaque fois qu'il regarderait la petite fille il penserait à la trahison de sa femme. Mick ne voulait pas que ce ressentiment, cette colère et cette peine s'immiscent dans la vie d'un enfant. Vu son histoire personnelle, il ferait un mauvais père pour son propre enfant, encore plus pour celui d'un inconnu. Son mariage était terminé et il quittait le pays dans une situation légale délicate. Pire, il avait été incapable d'arrêter l'enchaînement des meurtres. Il avait échoué sur tous les fronts.

28

Fort Campbell est à cheval entre le Kentucky et le Tennessee et abrite la 101e division aéroportée et le 5e groupe des forces spéciales. Mick y avait appris à sauter en parachute et validé ensuite la formation SPIES/FRIES sur l'infiltration et l'exfiltration dans des zones à risques. Wilson appela en avance pour obtenir une autorisation d'accès, mais leur arrivée à vingt-trois heures les força à rouler vingt minutes de plus jusqu'à Sabre Gate. Dès qu'ils entrèrent dans la base, le corps de Mick se relâcha instinctivement. Il était chez lui.

Wilson suivit les indications de Mick jusqu'au bâtiment qui abritait le 502e bataillon de la police militaire. Ils descendirent de voiture et s'étirèrent. Un caporal remplit les papiers pour le transfert de prisonnier et en donna une copie à Wilson.

— Caporal, dit Mick. Tournez le dos.

— Pardon ?

— Je suis votre supérieur en grade. Tournez le dos.

Fronçant les sourcils, le caporal déplaça son corps pour regarder de l'autre côté. Mick décocha à Wilson un crochet droit éclair dans l'estomac. L'air jaillit de ses poumons et il se courba en deux, essayant de respirer. Mick se pencha vers lui.

— Ça, c'est pour Tanner Curtis, dit-il.

Le caporal tout sourire escorta Mick au bureau du lieutenant-colonel McVey, commandant de la prison militaire. La pièce était simple et basique comme les aimait Mick. Il y avait un drapeau américain, une photo du président et un grand insigne du CID surmonté de sa devise :

FAIS CE QUI DOIT ÊTRE FAIT

Mick ne s'était pas senti aussi détendu depuis trois semaines. Bien que ne portant pas l'uniforme, il fit le salut militaire et se mit au garde-à-vous.

— Repos, dit le colonel.

Mick plaça son pied gauche parallèle à son épaule, mit les bras derrière le dos et croisa les pouces. Le colonel parcourait un dossier, portant à l'occasion sur Mick son regard perçant.

— Adjudant-chef Michael Hardin, dit McVey. Vous savez pourquoi vous êtes là ?

— Abandon de poste, mon colonel. Femme enceinte. Elle a accouché cet après-midi.

— Félicitations. Mais ce n'est pas la raison.

Mick fit un bref signe de tête et attendit la suite.

— Votre commandant veut vous voir rappliquer fissa. Un triple homicide à Camp Darby en Italie. Je dois vous mettre dans le premier avion disponible. Vous avez un vol dans deux heures. Vous avez de la chance. Si vous étiez arrivé plus tard, vous auriez dû attendre une semaine sous surveillance. Vous avez le temps de manger un bout et de prendre une douche. Des vêtements propres ne vous feraient pas de mal.

Il examina Mick de plus près.

— Qu'est-ce que vous avez au bras ?

— Morsure de mule, mon colonel.

— Voyez le toubib.

— Oui, mon colonel.

— C'est un ordre, adjudant. En Afghanistan, on les utilisait pour transporter des M240, des ceintures de munitions et des Javelins. Sales bêtes. Transmettent des saletés.

McVey s'enfonça dans son fauteuil.

— Asseyez-vous, dit-il.

Mick s'assit sur la chaise en bois devant le bureau.

— J'ai été en poste au Rock, dit McVey, employant le surnom affectueux de la garnison Baumholder en Allemagne. Joli coin. Ville sympa. Bonne bière. Je connais votre commandant. Le colonel Whitaker est le meilleur officier sous les ordres duquel j'ai servi.

— Oui, mon colonel, dit Mick. Pareil pour moi, mon colonel.

— Vos états de fait sont impressionnants. (Il ouvrit le dossier.) Médaille du soldat. Silver Star. Purple Heart. Meilleur taux d'élucidation de tout le CID. Si vous en avez marre de l'Europe, j'accueillerai volontiers un soldat de votre pedigree.

— Merci, mon colonel.

— Rompez.

Mick se leva, fit le salut militaire et avança vers la porte, arrêté par la voix du colonel.

— Une dernière chose, adjudant. Passez le bonjour à mes hommes en service.

— Pardon, mon colonel ?

— Vous êtes une légende au CID. Certains se sont engagés pour suivre votre exemple.

— Oui, mon colonel, dit Mick, et il quitta le bureau.

Deux heures plus tard il embarquait avec des vêtements propres et un nouveau pansement au bras. Après le décollage, il dormit trois heures. Il passa le reste du trajet à méditer sur l'anecdote que Linda n'avait pas fini de lui raconter, la femme avec une morsure de serpent en salle d'urgences. Comme un puzzle, il l'envisagea sous plusieurs angles différents. Elle devait sûrement être drôle, ou prendre une tournure comique, mais il ne voyait pas comment. Il n'y avait rien de drôle à une morsure de serpent.

REMERCIEMENTS

Pour le temps qu'il a bien voulu consacrer à m'éclairer sur les détails de la vie militaire, je remercie le sergent première classe Levi. S. Houston. Pour son aide sur les forces de l'ordre, je remercie le commandant Jim Hyde, retraité du département de police de Bowling Green. Toute erreur est de mon seul fait.

Pour leur généreux soutien et leurs précieux commentaires, je remercie les personnes suivantes : Amy Hundley, Nicole Aragi, Kathi Whitley, Randy Ryan, Bill Boyle, Michael Farris Smith, Ivo Kamps, Diana Schutz, Ari Friedlander, et Levi Henriksen.

Ma gratitude va également à des membres anciens et actuels de la mafia Haldeman, dans les collines de l'est du Kentucky.

Par-dessus tout, je remercie Melissa Ginsburg – poétesse, romancière, amie.

CATALOGUE TOTEM

261 Lance Weller, *Le Cercueil de Job*
260 John Gierach, *Truites & Cie*
259 James Crumley, *Les Serpents de la frontière*
258 Giorgio Scerbanenco, *Tous des traîtres*
257 Friedrich Dürrenmatt, *La Promesse*
256 Larry McMurtry, *Et tous mes amis seront des inconnus*
255 Wallace Stegner, *Vue cavalière*
254 Piergiorgio Pulixi, *L'Illusion du mal*
253 Helene Bukowski, *Les Dents de lait*
252 JoAnne Tompkins, *Ce qui vient après*
251 Mark Haskell Smith, *Elephant crunch*
250 Tiffany McDaniel, *L'été où tout a fondu*
249 Alan Le May, *La Prisonnière du désert*
248 Oakley Hall, *Warlock*
247 Peter Swanson, *Chaque serment que tu brises*
246 Giulia Caminito, *L'eau du lac n'est jamais douce*
245 Christina Sweeney-Baird, *La Fin des hommes*
244 John D. Voelker, *Testament d'un pêcheur à la mouche*
243 Maren Uthaug, *Et voilà tout*
242 Ross Macdonald, *La Face cachée du dollar*
241 Pete Fromm, *Le Lac de nulle part*
240 Julia Glass, *Conte d'automne*
239 Giorgio Scerbanenco, *Vénus privée*
238 Elliot Ackerman et James Stavridis, *2034*
237 Thomas Savage, *La Reine de l'Idaho*
236 Kathleen Dean Moore, *Sur quoi repose le monde*
235 Walter Tevis, *L'Arnaqueur*
234 Paul Tremblay, *La Cabane aux confins du monde*
233 Mario Rigoni Stern, *Histoire de Tönle*
232 Kate Reed Petty, *True Story*
231 William Boyle, *La Cité des marges*
230 Keith McCafferty, *Le Baiser des Crazy Mountains*

229 Elliot Ackerman, *En attendant Eden*
228 John Gierach, *Même les truites ont du vague à l'âme*
227 Charles Portis, *True Grit*
226 Jennifer Haigh, *Ce qui gît dans ses entrailles*
225 Doug Peacock, *Marcher vers l'horizon*
224 James McBride, *Deacon King Kong*
223 David Vann, *Komodo*
222 John Farris, *Furie*
221 Edward Abbey, *En descendant la rivière*
220 Bruce Machart, *Des hommes en devenir*
219 Mark Haskell Smith, *À bras raccourci*
218 Winston Groom, *Forrest Gump*
217 Larry McMurtry, *Les Rues de Laredo*
216 Terry Tempest Williams, *Refuge*
215 Wallace Stegner, *La Vie obstinée*
214 Piergiorgio Pulixi, *L'Île des âmes*
213 Giulia Caminito, *Un jour viendra*
212 Julia Glass, *Refaire le monde*
211 David Heska Wanbli Weiden, *Justice indienne*
210 Alex Taylor, *Le Sang ne suffit pas*
209 Ross Macdonald, *Le Frisson*
208 Tiffany McDaniel, *Betty*
207 John D. Voelker, *Itinéraire d'un pêcheur à la mouche*
206 Thomas Berger, *Little Big Man*
205 Peter Swanson, *Huit crimes parfaits*
204 Andy Davidson, *Dans la vallée du soleil*
203 Walter Tevis, *L'Homme tombé du ciel*
202 James Crumley, *Le Canard siffleur mexicain*
201 Robert Olmstead, *Le Voyage de Robey Childs*
200 Pete Fromm, *Chinook*
199 Keith McCafferty, *La Vénus de Botticelli Creek*
198 Tom Robbins, *Jambes fluettes, etc.*
197 Nathaniel Hawthorne, *La Lettre écarlate*
196 Jennifer Haigh, *Le Grand Silence*

195 Kent Wascom, *Les Nouveaux Héritiers*
194 Benjamin Whitmer, *Les Dynamiteurs*
193 Barry Lopez, *Rêves arctiques*
192 William Boyle, *L'Amitié est un cadeau à se faire*
191 Julia Glass, *Jours de juin*
190 Mark Haskell Smith, *Coup de vent*
189 Trevanian, *L'Été de Katya*
188 Chris Offutt, *Sortis des bois*
187 Todd Robinson, *Une affaire d'hommes*
186 Joe Wilkins, *Ces montagnes à jamais*
185 James Oliver Curwood, *Grizzly*
184 Peter Farris, *Les Mangeurs d'argile*
183 David Vann, *Un poisson sur la Lune*
182 Mary Relindes Ellis, *Le Guerrier Tortue*
181 Pete Fromm, *La Vie en chantier*
180 James Carlos Blake, *Handsome Harry*
179 Walter Tevis, *Le Jeu de la dame*
178 Wallace Stegner, *Lettres pour le monde sauvage*
177 Peter Swanson, *Vis-à-vis*
176 Boston Teran, *Méfiez-vous des morts*
175 Glendon Swarthout, *Homesman*
174 Ross Macdonald, *Le Corbillard zébré*
173 Walter Tevis, *L'Oiseau moqueur*
172 John Gierach, *Une journée pourrie au paradis des truites*
171 James Crumley, *La Danse de l'ours*
170 John Haines, *Les Étoiles, la neige, le feu*
169 Jake Hinkson, *Au nom du Bien*
168 James McBride, *La Couleur de l'eau*
167 Larry Brown, *Affronter l'orage*
166 Louisa May Alcott, *Les Quatre Filles du docteur March*
165 Chris Offutt, *Nuits Appalaches*
164 Edgar Allan Poe, *Le Sphinx et autres histoires*
163 Keith McCafferty, *Les Morts de Bear Creek*
162 Jamey Bradbury, *Sauvage*

161 S. Craig Zahler, *Les Spectres de la terre brisée*
160 Margaret Mitchell, *Autant en emporte le vent*, vol. 2
159 Margaret Mitchell, *Autant en emporte le vent*, vol. 1
158 Peter Farris, *Dernier Appel pour les vivants*
157 Julia Glass, *Une maison parmi les arbres*
156 Jim Lynch, *Le Chant de la frontière*
155 Edward Abbey, *Le Feu sur la montagne*
154 Pete Fromm, *Comment tout a commencé*
153 Charles Williams, *Calme plat*
152 Bob Shacochis, *Sur les eaux du volcan*
151 Benjamin Whitmer, *Évasion*
150 Glendon Swarthout, *11 h 14*
149 Kathleen Dean Moore, *Petit Traité de philosophie naturelle*
148 David Vann, *Le Bleu au-delà*
147 Stephen Crane, *L'Insigne rouge du courage*
146 James Crumley, *Le Dernier Baiser*
145 James McBride, *Mets le feu et tire-toi*
144 Larry Brown, *L'Usine à lapins*
143 Gabriel Tallent, *My Absolute Darling*
142 James Fenimore Cooper, *La Prairie*
141 Alan Tennant, *En vol*
140 Larry McMurtry, *Lune comanche*
139 William Boyle, *Le Témoin solitaire*
138 Wallace Stegner, *Le Goût sucré des pommes sauvages*
137 James Carlos Blake, *Crépuscule sanglant*
136 Edgar Allan Poe, *Le Chat noir et autres histoires*
135 Keith McCafferty, *Meurtres sur la Madison*
134 Emily Ruskovich, *Idaho*
133 Matthew McBride, *Frank Sinatra dans un mixeur*
132 Boston Teran, *Satan dans le désert*
131 Ross Macdonald, *Le Cas Wycherly*
130 Jim Lynch, *Face au vent*
129 Pete Fromm, *Mon désir le plus ardent*
128 Bruce Holbert, *L'Heure de plomb*

127 Peter Farris, *Le Diable en personne*
126 Joe Flanagan, *Un moindre mal*
125 Julia Glass, *La Nuit des lucioles*
124 Trevanian, *Incident à Twenty-Mile*
123 Thomas Savage, *Le Pouvoir du chien*
122 Lance Weller, *Les Marches de l'Amérique*
121 David Vann, *L'Obscure Clarté de l'air*
120 Emily Fridlund, *Une histoire des loups*
119 Jake Hinkson, *Sans lendemain*
118 James Crumley, *Fausse Piste*
117 John Gierach, *Sexe, mort et pêche à la mouche*
116 Charles Williams, *Hot Spot*
115 Benjamin Whitmer, *Cry Father*
114 Wallace Stegner, *Une journée d'automne*
113 William Boyle, *Tout est brisé*
112 James Fenimore Cooper, *Les Pionniers*
111 S. Craig Zahler, *Une assemblée de chacals*
110 Edward Abbey, *Désert solitaire*
109 Henry Bromell, *Little America*
108 Tom Robbins, *Une bien étrange attraction*
107 Christa Faust, *Money Shot*
106 Jean Hegland, *Dans la forêt*
105 Ross Macdonald, *L'Affaire Galton*
104 Chris Offutt, *Kentucky Straight*
103 Ellen Urbani, *Landfall*
102 Edgar Allan Poe, *La Chute de la maison Usher et autres histoires*
101 Pete Fromm, *Le Nom des étoiles*
100 David Vann, *Aquarium*
99 *Nous le peuple*
98 Jon Bassoff, *Corrosion*
97 Phil Klay, *Fin de mission*
96 Ned Crabb, *Meurtres à Willow Pond*
95 Larry Brown, *Sale Boulot*
94 Katherine Dunn, *Amour monstre*

93 Jim Lynch, *Les Grandes Marées*
92 Alex Taylor, *Le Verger de marbre*
91 Edward Abbey, *Le Retour du gang*
90 S. Craig Zahler, *Exécutions à Victory*
89 Bob Shacochis, *La femme qui avait perdu son âme*
88 David Vann, *Goat Mountain*
87 Charles Williams, *Le Bikini de diamants*
86 Wallace Stegner, *En lieu sûr*
85 Jake Hinkson, *L'Enfer de Church Street*
84 James Fenimore Cooper, *Le Dernier des Mohicans*
83 Larry McMurtry, *La Marche du mort*
82 Aaron Gwyn, *La Quête de Wynne*
81 James McBride, *L'Oiseau du Bon Dieu*
80 Trevanian, *The Main*
79 Henry David Thoreau, *La Désobéissance civile*
78 Henry David Thoreau, *Walden*
77 James M. Cain, *Assurance sur la mort*
76 Tom Robbins, *Nature morte avec Pivert*
75 Todd Robinson, *Cassandra*
74 Pete Fromm, *Lucy in the Sky*
73 Glendon Swarthout, *Bénis soient les enfants et les bêtes*
72 Benjamin Whitmer, *Pike*
71 Larry Brown, *Fay*
70 John Gierach, *Traité du zen et de l'art de la pêche à la mouche*
69 Edward Abbey, *Le Gang de la clef à molette*
68 David Vann, *Impurs*
67 Bruce Holbert, *Animaux solitaires*
66 Kurt Vonnegut, *Nuit mère*
65 Trevanian, *Shibumi*
64 Chris Offutt, *Le Bon Frère*
63 Tobias Wolff, *Un voleur parmi nous*
62 Wallace Stegner, *La Montagne en sucre*
61 Kim Zupan, *Les Arpenteurs*
60 Samuel W. Gailey, *Deep Winter*

59 Bob Shacochis, *Au bonheur des îles*
58 William March, *Compagnie K*
57 Larry Brown, *Père et Fils*
56 Ross Macdonald, *Les Oiseaux de malheur*
55 Ayana Mathis, *Les Douze Tribus d'Hattie*
54 James McBride, *Miracle à Santa Anna*
53 Dorothy Johnson, *La Colline des potences*
52 James Dickey, *Délivrance*
51 Eve Babitz, *Jours tranquilles, brèves rencontres*
50 Tom Robbins, *Un parfum de jitterbug*
49 Tim O'Brien, *Au lac des Bois*
48 William Tapply, *Dark Tiger*
46 Mark Spragg, *Là où les rivières se séparent*
45 Ross Macdonald, *La Côte barbare*
44 David Vann, *Dernier jour sur terre*
43 Tobias Wolff, *Dans le jardin des martyrs nord-américains*
42 Ross Macdonald, *Trouver une victime*
41 Tom Robbins, *Comme la grenouille sur son nénuphar*
40 Howard Fast, *La Dernière Frontière*
39 Kurt Vonnegut, *Le Petit Déjeuner des champions*
38 Kurt Vonnegut, *Dieu vous bénisse, monsieur Rosewater*
37 Larry Brown, *Joe*
36 Craig Johnson, *Enfants de poussière*
35 William G. Tapply, *Casco Bay*
34 Lance Weller, *Wilderness*
33 Trevanian, *L'Expert*
32 Bruce Machart, *Le Sillage de l'oubli*
31 Ross Macdonald, *Le Sourire d'ivoire*
30 David Morrell, *Rambo*
29 Ross Macdonald, *À chacun sa mort*
28 Rick Bass, *Le Livre de Yaak*
27 Dorothy Johnson, *Contrée indienne*
26 Craig Johnson, *L'Indien blanc*
25 David Vann, *Désolations*

24 Tom Robbins, *B comme Bière*
23 Glendon Swarthout, *Le Tireur*
22 Mark Spragg, *Une vie inachevée*
21 Ron Carlson, *Le Signal*
20 William G. Tapply, *Dérive sanglante*
19 Ross Macdonald, *Noyade en eau douce*
18 Ross Macdonald, *Cible mouvante*
17 Doug Peacock, *Mes années grizzly*
15 Tom Robbins, *Féroces infirmes retour des pays chauds*
14 Larry McMurtry, *Texasville*
13 Larry McMurtry, *La Dernière Séance*
12 David Vann, *Sukkwan Island*
11 Tim O'Brien, *Les Choses qu'ils emportaient*
10 Howard McCord, *L'Homme qui marchait sur la Lune*
9 Craig Johnson, *Little Bird*
8 Larry McMurtry, *Lonesome Dove*, épisode 2
7 Larry McMurtry, *Lonesome Dove*, épisode 1
6 Rick Bass, *Les Derniers Grizzlys*
5 Jim Tenuto, *La Rivière de sang*
4 Tom Robbins, *Même les cow-girls ont du vague à l'âme*
3 Trevanian, *La Sanction*
2 Pete Fromm, *Indian Creek*
1 Larry Watson, *Montana 1948*

CET OUVRAGE A ÉTÉ COMPOSÉ PAR
ATLANT'COMMUNICATION
AU BERNARD (VENDÉE).

ACHEVÉ D'IMPRIMER EN SEPTEMBRE 2023 SUR LES PRESSES
DE NORMANDIE ROTO IMPRESSION S.A.S., 61250 LONRAI
POUR LE COMPTE DES ÉDITIONS GALLMEISTER
13, RUE DE NESLE, 75006 PARIS

IMPRIMÉ EN FRANCE

DÉPÔT LÉGAL : NOVEMBRE 2023
N° D'IMPRESSION : 2303545